智慧教育视域下大学英语教育智慧引导功能探析

邓焕霞◎著

吉林出版集团股份有限公司
全国百佳图书出版单位

图书在版编目（CIP）数据

智慧教育视域下大学英语教育智慧引导功能探析 /
邓焕霞著. —— 长春 : 吉林出版集团股份有限公司, 2023.6
ISBN 978-7-5731-3506-3

Ⅰ.①智… Ⅱ.①邓… Ⅲ.①英语 - 教学研究 - 高
等学校 Ⅳ.①H319.3

中国国家版本馆CIP数据核字(2023)第141764号

ZHIHUI JIAOYU SHIYU XIA DAXUE YINGYU JIAOYU ZHIHUI YINDAO GONGNENG TANXI

智慧教育视域下大学英语教育智慧引导功能探析

著　　者/	邓焕霞
责任编辑/	金方建
开　　本/	787 mm × 1092 mm　1/16
印　　张/	8.25
字　　数/	160千字
版　　次/	2024年7月第1版
印　　次/	2024年7月第1次印刷
出　　版/	吉林出版集团股份有限公司
发　　行/	吉林音像出版社有限责任公司
	（吉林省长春市南关区福祉大路5788号）
电　　话/	0431-81629679
印　　刷/	吉林省信诚印刷有限公司

ISBN 978-7-5731-3506-3　　定价　58.00元

目　录

第一章 导论

一、研究背景

随着信息时代的到来和新技术的不断冲击，传统大学英语教育面临着巨大的挑战，迫切需要用新的视角和方法来改变。我国高校的英语学习群体规模较大。大学英语教师群体也是全国高校中人数较多的教师群体。大学英语作为一门公共基础课，在本科总学分中占比较高。可以说，大学英语的教育质量在一定程度上影响着高等教育人才培养质量。从社会层面而言，社会生活信息化和经济全球化使英语越来越重要。英语作为世界通用语言，已成为人类生活中应用最广泛的语言。语言是开启世界大门的一把钥匙，也是开启智慧大门的钥匙。作为国际通用语言的英语，我们有必要把英语学好。如何让大学生以更轻松、更快乐的方式学好英语，这是每一位从事英语教育相关的工作者必须思考的问题。然而，目前我国的大学英语教学存在"费时低效"的问题，面临发展瓶颈。在大学英语的教学理念方面，有的认为大学英语课程是纯工具性质的，有的认为大学英语课程是工具性与人文性相统一的，有的提出大学英语课程属于普通教育课程等等。业内思想矛盾交织，大学英语教师们在教育方式上多有分歧。笔者作为一名任教多年的大学英语教师，深感当前大学英语教育对高等教育的影响，以及语言教育对人的发展的作用和大学英语教育对国际化人才培养的意义。笔者希望通过本研究明晰大学英语教育的目标和大学英语教师的理念，探究实现目标的具体指导，使大学英语教育发挥其应有的作用。

（一）大学英语教育面临发展瓶颈

1. 教育目标较为模糊、教育观念较为传统

自 20 世纪 70 年代末以来，大学英语教育可粗略地分为三个阶段，即恢复阶段、稳定发展阶段、改革阶段。以及信息化、全球化、国际化的不断深入已经将大学英语教育推进了新的转型期，大学英语教育环境发生了很大的变化，其直接影响到大学英语教育理念和内容的深刻变化以及大学英语教师角色的转化。在笔者调研中发现，很多大学英语教师将教学的目标和重点放在提升学生的四级通过率上。在学术交流中，也发现在一些学校的大学英语教师年度工作目标上，将"做好四级教学工作，提高通过率。"作为大学英语教学目标，缺乏更高或更深一级的目标。

因为大学英语教学目标不明，教师们也就不加思考地、固有地扮演自己以前的英语教师那样的角色，扮演十年、二十年前的大学英语教师的角色，执着于"纠错、讲语法、应

考"三情结，让学生们"多模仿、多记忆、多背诵、多练题"。并且将学校和学生功利性的要求作为自己全部的教学目标，那就是帮助学生通过大学英语四六级考试，提高学校的大学英语过级通过率。大学英语教师们就这样简单却辛苦地重复工作着，有一些教师还乐此不疲，当然，有相当一部分教师感到了问题的存在，但却不知道该怎么做。可以说，当前的许多大学英语教学除了形式上变化较大，实质上还具有很大的改进空间，而当前的大学英语教育环境与三十年前的教育环境却有着显著的不同，体现在时代特征、学生特点、社会需求等方面，而外语教学受教育环境的影响却是非常大的。三十年前的大学英语教学理念、内容、方法等在当时是适切的，是推动人才培养的。但沿用至今，有些理念、内容和方法与当前教育状况之间存在一定的适应性问题，需要作出科学的调整。

2. 考试为主导的教学思想依然存在

如果考试成为了教育的主导，意味着该教育进入了考试为主导的单一教育活动。讨论大学英语教育，很少不提及大学英语四六级考试的问题。大学英语四六级考试在一定的历史时期，推动了我国大学英语教学的发展。20 世纪 80 年代末 90 年代初，我国的大学英语教学因为四六级考试开始重视大学英语，在当时，大学英语四、六级考试促进了大学生英语水平的普遍提高。自实行大学考试四、六级考试以来，经历了几次力度较大的改革。先是改变了成绩报告方式，后来又调整了分值比例和题型结构，进行了网考试点。2013年 12 月的四、六级题型又有了变动，以求引导大学英语教学理念和内容的创新。但是事实并非这样，如翻译题，许多教师并没有借此引导学生们对中国文化的深入了解和对中国文化英语表达的加强、讲述，更多的中西表达差异，在英语教学中缺乏文化态度、翻译理论的阐释，关注的仍是如何应考，有些老师索性搜集了很多短小篇章让学生背诵。又如，关于匹配题，教师们不是引导学生如何在长篇幅的英语文章中迅速获取信息，培养其在现代社会通过英语最有效地获取信息，提升自我的能力，而是摸索应考"对策"，即答题技巧，组织学生机械式重复练习。不管考试中心如何用心良苦地进行改革，四、六级考试带来的问题都没有得到实质性的解决，一般本科院校的大学英语教学主导普遍是四、六级考试。有学者对某省多所高等院校的调查表明，尽管许多学校取消了四级考试与学位证书挂钩，但仍有学校教师在课堂专门给学生辅导四、六级备考。[①] 另外，由于四、六级考试将大纲的"一般要求"作为考试要求，所以，多数大学英语教材的词汇选择、主题安排、练习设计都是依据四、六级考试的内容和形式进行编写。如此的应试教学限制了教学的内容和方式，限制了学生们学习的灵活性，影响了大学英语教育的发展。其实，考试并没有错，应用得好，会形成"考服务于教、教服务于学"，其顺序是"学、教、考"，但是，目前的顺序却是倒过来的，成为了"考、教、学"。

---

① 乔梦铎，金晓玲，王立欣. 大学英语教学现状调查分析与问题解决思路 [J],中国外语，2020（05）：8-14.

3. 学生缺乏学习兴趣，学习效率低

在学生的整体英语水平有较大提高的情况下，在英语学习的资源和途径变得丰富和多样的环境中，大学英语课程仍囿于单一语言知识的教与学。大学英语教学的内容、方法、手段陈旧、单一、无实质性进展，比如，在非常"经典"的语言习得方法—模仿、记忆、背诵中，教师传授知识，学生进行"授受性学习"，缺乏在此基础上对主动学习和个人知识生成的关注及其他方面的引导，不仅影响学生的思维发展，而且使得学生丧失学习的积极性，处于"被学习"甚至厌学状态。有学者就调研并提出了当前外语教学内容的单一和方法的机械，影响学生的思维发展。从教学实践来看，目前大学生们普遍从小学就开始学习英语，他们进入大学，对大学英语教学也提出了新的要求，有着新的期盼。然而，大学英语却没有很好地应对这个挑战。大、中、小学英语教学缺乏和谐衔接与循序渐进，大学英语和高中英语讲授的语言点重复率高。目前的大学英语与高中英语，从内容、教法、关注点等方面都很相似，只是高中英语教与学的指挥棒是高考，而大学英语教与学的指挥棒是大学英语四、六级考试。

大学英语提出来讲述的语言点，尤其是语法点，绝大部分都是重复高中的，只是多了一些生词和词组，而提出的词汇中包括了高中的词汇，《大学英语课程教学要求》中的一般要求中的听说读写要求和《全日制义务教育普通高级中学英语课程标准》的要求也基本相同。总之，大学英语和高中英语的学习内容重复，教与学的目标、方法和理念也没有明显区别。如此大学英语的教与学，对学生们严重缺乏挑战性，也的确失去了其根本的意义。有学者调研了12所高校的多名大一和大二的学生，其中34.8%的学生对英语学习没有兴趣。认为"收获很大，英语水平得到了提高"的仅为6.7%，"收获不大，只学习了一些词汇和语法知识"的为36.2%，"没有学到什么，英语学习劳而无功"的为32.5%，"没有学到什么，英语水平没有进步反而退步"的为24.6%。[①] 该调查结果还显示出一些比低效的英语学习本身更令人忧心的问题，如，被动学习，甚至厌学的心理，"耗时低效"的大学英语学习确实影响到了学生的和谐发展。

当前的大学英语不能满足学生发展与社会对人才的要求。考试主导的单一知识教学只能够帮助学生应对四、六级考试。学生们非常希望能真正掌握英语，顺利地进行跨文化交流，但是，从笔者调研结果来看，一般本科院校的大学毕业生具备该能力的不到五成。也就是说，大部分学生在修完大学英语之后，并没有真正掌握英语这门所谓的工具。就一般本科院校大学三四年级学生而言（已经修完大学英语的学生），能够与英语国家人士就一般话题展开顺畅交谈的，能够运用所学知识和技能自修本专业的学术或职业英语的，能够写好一份出国留学自荐信的学生，这部分学生所占的比例大概就是百分之五（该结果是面向学生和大学英语教师进行抽样问卷调查而获悉的）。难以灵活运用所学，也是学生学习

---

① 赵庆红，雷蕾，张梅. 学生英语学习需求视角下的大学英语教学 [J]，外语界，2019（04）：14-22.

兴趣不足的一个重要原因。有本科大四学生述说："我通过四级，又过了六级，拿到证书，我为自己的胜利沾沾自喜，仿佛可以向世人炫耀，我考了高分，我能行。但碰到英文文章，心中顿时务实起来，我不行，通篇都是生词，一小时只能看几行。写的英文论文，外国人看不懂。"这也从一个侧面说明，目前的大学英语教学状况，的确不能带给学生太多的进展，不能满足社会的需求。大学英语确实"费时低效"。

4. 部分教师在职业发展方面较为迷惘

面对学界观念矛盾交织，部分大学英语教师目标不清，理念模糊，缺乏坚定的信念，容易随大流。加之不健全的评价制度，教师责任感降低，不思进取。被边缘化的同时，也在"自觉"地边缘化。千篇一律的教学，加之学生较消极的反应，部分大学英语教师们出现了明显的职业倦怠，而面对"取消大学英语"或"转向"的呼声，更是对自身的发展迷惘不知所措。一句话以概之：当前部分大学英语教师教育理念模糊，角色不清，工作意义不明，自身发展未卜。这些英语教师感觉工作的意义和价值不大。认命"大学英语教师是讲授工具的工具"，认为英语专业本科毕业就足以任教大学英语。有些教师认为，硕士、博士毕业后讲授大学英语，感觉大材小用。笔者在访谈时，大部分教师反映任教大学英语课是在"吃老本"。由于教材就那几套，有些年龄偏长的教师说已经上过很多遍了，对于要讲的语言点已经是烂熟于心，根本无需备课。当问及"大学英语的作用时"，普遍反应就是"提高学生的英语水平"，继而问道"学生的英语水平真正提高了吗"，一般都是沉默良久之后，再进行解释。

笔者认为，大学英语教育涉及到发展学生的英语语言综合运用能力，提升思维能力，培养跨文化意识和能力引导文化态度和翻译伦理等等，有其特殊性，对教师的专业水平和教师素养要求较高。但是，大部分老师没有进一步思考大学英语教育更为广深的内涵，也不去多关注大学英语是高等教育的有机组成，是"教育"，而非"培训''。当然，相当一部分大学英语教师对于"教育"也没有一个深入的理解。还有就是认为公共课教师不如专业课教师，科研等方面都不能与别人比，他们除了应付日常的教学工作之外，少有人能抽出时间去进行更多的阅读和研究。2020 年 7 月，笔者在对某市一所本科院校的 12 名大学英语教师的年均读书量做了问卷调查，结果是：从 2018 年 9 月到 2019 年 9 月间，接受调查的 12 名大学英语教师所读图书平均（包括专业书籍和专业外书籍）只有 1 本，最多为 3 本，最低 0 本。本来大学英语教师由于专业学习背景对教学就有一种思维定式，英语教师自身学习语言的思维方式会深深地影响其教学，角色固有、理念难以创新，加之觉得边缘化，不主动提升和完善，认为自己的知识讲授大学英语绰绰有余。没有生命力的枯燥的单一知识教学，更是让许多的教师产生"职业倦怠"，陷入语言"石化"及"吃老本"的状态。教师成了被动的课程接受者和单一的知识传授者，有的还算关注"改革"的教师，也少有深入思考理念实质，仅扮演着教学模式方法的机械套用者。这从另一方面说明大学英语教师实在缺乏挑战能力。诚然，大学英语教师的如此状态，不能只责怪老师一方，其深层原因，应该是教师们发现不了自己的教学意义所在，不知道大学英语教学到底有何用，不知道自己的价值究竟何在。也就是说，大学英语教师没有一个明晰的目标，也就没有了努力的方向，没有了发展的动力。于是，大学英语教师迎合着学生和学校的功利目标，兼任着四、六级考试的培训者。作为教育质量关键因素的教师，一旦模糊了教育信念，失去了前进的动力，教育一定出问题。笔者认为，大学英语教育陷入瓶颈的直接原因主要有两点，一是大学英语教育真正的"能"与"求"不明晰；二是教师缺乏在先进语言教育理念指导下的系统的理论和实践指导。

（二）智慧教育为大学英语教育提供了新路径

随着信息时代的到来和新技术的不断冲击，在大学英语教育过程中，传统英语课堂教学面临着巨大的挑战，传统英语课堂教学的弊端难以用传统的方式加以解决，迫切需要用新的视角和方法来改变。社会生活信息化和经济全球化使英语越来越重要。英语作为世界通用语言，已成为人类生活中应用最广泛的语言。语言是开启世界大门的一把钥匙，也是开启智慧大门的钥匙。作为国际通用语言的英语，我们有必要把英语学好，如何让更多的人以更轻松、更快乐的方式学好英语，这是每一位从事英语教育相关工作者必须思考的问题，现行的大学英语教学方式存在着诸多的问题，教学效果不够理想，这也迫使我们不断探寻新的方式去解决这些问题。智慧教育的核心是用最新的信息技术改造和完善教育活动，创造高效、智能的教育方式。通过智慧的教与学，所有的学生都能根据各自的特点实现快速发展。学习方式的转变和学习主体的自我觉醒，使英语教学不再是师生之间单一的教与学关系，而是更为平等的对话与互动。英语教学是学生系统教育的重要组成部分，积极有效的互动是把握英语教学质量、提高英语教学水平的关键。智慧教育作为一种新型的教育形式和现代化的教学手段，能够解决大学英语教学过程中遇到的现实问题，促进师生互动，提高英语教学质量，将信息技术与教育深度相结合，优化教育模式已成为必然趋势。因此，"智慧教育"为大学英语教育的发展提供了新的路径。

新课程理念认为课堂并不仅仅是简单的知识学习过程，而是教学相长，师生共同成长的过程。随着新一轮基础教育课程改革和课堂教学改革的不断深入，课堂教学的艰巨性和复杂性日益呈现，以及教学活动本身的多变性和不确定性，都对老师提出了非常高的要求，课堂教学改革是超越知识教育，从传授知识的课堂走向智慧课堂。时代呼唤充满智慧的教师，呼唤智慧的课堂，引导师生热爱智慧，追求智慧，因此，让智慧唤醒英语教学，让智慧引领英语教师专业发展，是时代的呼唤，是教师专业发展的需要，是使课堂英语教学充满生机与活力的需求，也是教育在新时期英语教学改革中的重要使命。

　　随着新一代信息技术的迅速发展和广泛应用，大数据时代和人工智能时代的到来，各种智能终端应用在学校教育教学中已成为信息技术与教育融合的焦点。新的教育技术手段不断涌现，学校英语教学环境和课堂教学模式也在不断变化。逐步从教师的说教转向教与学的互动。单纯的知识传授转向素质的培养，从实现教学决策数据化、评价反馈及时化、交流互动立体化、资源推送智能化。大数据时代，学校教育教学活动中存有海量的有价值的教学数据，智慧教育基于动态学习评价和数据分析，依靠数据提升英语教学机制，促进个性化英语教学策略的改进与实施，为学校的英语教学改革提供新思路和新方向。科学技术的发展，一方面为教育领域的各个方面提供了技术支持，另一方面又使得教育的各个方面必须进行相应的改进和变革。教育信息化是衡量一个国家和地区教育发展水平的重要标志。为了实现教育现代化、创新英语教学模式、提高教育质量，迫切需要大力推进教育信息化。

　　信息技术与教育教学的融合使教师信息化教学能力、学生信息素养得以提升。发展在线教育与远程教育，推动各类优质教育资源开放共享，向全社会提供服务，对深化教育综合改革有着支撑作用。凭借信息技术创造信息化英语教学环境，促进教学理念、教学内容和教学模式的改革，促进信息技术在日常英语教学中的广泛深入应用，以适应信息时代高素质人才的需求。努力提高学生的信息素养、创新意识和创新能力，培养学生的数字化学习习惯，促进学生的全面发展，充分发挥信息技术对人才培养的支撑和引领作用。通过教育信息化减轻教师教学负担，提升学生的学习效率，培养学生的综合素质已成为学校对信息化建设的核心诉求。教师能力是未来高素质人才培养的关键。要建立健全教师信息技术应用能力标准，将信息化教学能力培养纳入师范生培养课程体系，将能力提升与学科教学培训紧密结合，有针对性地开展以深度融合信息技术为特点的课例和教学法的培训，培养教师利用信息技术开展学情分析与个性化教学的能力，增强教师在信息化环境下创新教育教学的能力，使信息化教学真正成为教师教学活动的常态，为大学英语"智慧教育"打下基础。

二、研究意义

　　理论上，提炼出智慧的三要素和关键词，提出智慧教育是智慧生成的途径，并阐释了智慧教育的内涵和路径。论证大学英语教育"引导学生智慧生成"的功能以及外界对大学英语教育"引导智慧"之诉求。提出"引导学生智慧生成"作为大学英语教育的追求，并探究大学英语教育如何引导学生的智慧生成。从大学英语教与学的角度，建构了"引导学生智慧生成"的大学英语教育的理论和实践体系。对探究大学英语的教育目标和方向提供理论支持，对大学英语教师教育理念的明晰和教师角色的定位以及教师自身的发展提供理论指导。

实践上，有助于当前理念不明、意义不清，陷入"瓶颈"的大学英语教育的目标设定和方向指引，促进大学英语教师的发展，指导具体教学实践。提高大学英语教育质量和国际化人才培养质量。在一定程度上，能使大学英语从当前的"无用"舆论中走出，并逐渐发挥其强大作用，成为高等教育不可或缺的教育组成元素。对其他的课程也会有一定的启示，当前一些课程虽然在学生的知识习得和思维训练方面比大学英语要做得好，但是，引导学生智慧生成的系统理论和实践，其他许多课程也是缺乏的。

三、相关研究

（一）关于"智慧"及相关理论

1. 关于"智慧"的认识研究

"智慧"出自于《墨子·尚贤中》："若使之治国家，则此使不智慧者治国家也，国家之乱，既可得而知已"。关于智慧（狭义）的定义为"生物所具有的基于神经器官（物质基础）的一种高级综合能力"，包括：知识、判断、理解、联想、文化等多种能力。如果有智慧，并具备分析、思考、探索真理的实力水准，就可以深刻地理解现状，包括过去、将来、事、物和人等。而智力与智慧则不同，智力是"形而下谓之器"，智慧表示人的智力器官的核心能力，因此与"形而上谓之道"有异曲同工的地方。拥有智慧，人就可以做出成功的决策，智者可以理解为有智慧的人。广义的智慧是由审美与评价、方法与技能、非智力、智力、观念与思想多个体系构成。[①]它基于知识体系而生，是实现解决问题的能力，因此，既包括知识体系又高于知识体系。需要强调的是，智慧是能力与资源交叉综合形成的集成体系，换句话说，它是一种能力，也是一种资源。

有学者研究表明："在计算机领域，智慧一词可以从语境和理解两个维度，经历了从数据到信息，再到知识和智慧的过程。"他认为，研究、吸收、操作、互动和反思等过程是从理解的维度看人类掌握知识的五个阶段，同样也可以简单地理解为人脑对数据的不断挖掘。数据注重对少数部分的搜集，信息重点关照若干部分之间的关联，知识聚焦整体的形成，智慧偏重若干整体之间的相互关系。[②]20世纪之前或者更早，人们可能更多地关注数据和信息，注重积累经验；在未来，人们将会更多地关注知识和智慧，注重持续探索和研究新奇事物。

在我国语言文化中，"智慧"一般与之相搭配而成的词汇、概念都带有正面积极的意义。有关"教育"一词的内涵、外延和主要意义的日常研究非常多，不再赘述。在以往研究中，两者组成的"智慧教育"在当下语境中所指代的内涵有所不同，可总结为"以智慧方式来

① 刘宝瑞，马院利. 基于智慧理念的智慧图书馆空间样貌探究 [J]. 图书馆学研究，2015（11）：26-29.
② 黄荣怀. 智慧教育的三重境界：从环境、模式到体制 [J]. 现代远程教育研究，2018（06）：3-11.

教育"和"为获得智慧而教育"两类，前者有与现代科学技术结合的教育实践方式，后者是历史久远的价值教育意义，分别与英语文献中的"Intelligence Education"和"Wisdom Education"意义对应，"智慧"，包含数据化、信息化和智能化三个基本特性，可简单地解释为：人们可以自由地取得想要的信息，并借此信息判断主次、做出决策。

西方的智慧理论划分为四大流派：以皮亚杰为代表的认知发展理论；以斯滕伯格为代表的信息加工理论；以斯诺为代表的学习理论；以詹森为代表的因素分析理论。认知发展理论主要从认知发展的角度阐释智慧；信息加工理论重在探讨智慧生成的过程和步骤，对智慧的本质与原理缺乏论述；学习理论提出了学习中的兴趣对智慧的生成至关重要，但对于学习基础上综合思维的整体智慧理论缺乏阐述；由于因素分析主要是针对已经系统化、概念化和明确化的问题，所以因素分析理论对智慧的本质及范围未能做出深入的解释。坦尼森指出一个人的智慧可以通过学习增长，这一观点与斯滕伯格的不谋而合，其非常强调在问题解决和智慧增长过程中认知复杂所具有的重要意义，提出了教学可以加强学生的高水平思维策略。布朗和坎皮恩也强调了学习对发展智慧的作用，并指出，智商测评的只是以往的学习情况，而实际上，当前和将来的学习能力则是更需关注的。布朗和坎皮恩都赞成智慧是获取能力的能力，如学习的能力。二者的理论在对学习和智慧的评估方面，具有较大的研究前景和开发意义。霍恩认为人类具有多种能力，智慧就是这些能力的表现并由此推出了智慧的混合体能力理论。艾森克将智慧划为两个部分。A 部分是人类先天"纯能力的一个集合，包括记忆、推理、学习、问题解决等的基本能力；B 部分是人们的智慧观，其受到个人经历、教育背景、性格特征、经济状况等的影响。斯诺认为智慧起着个体把握认知任务的内在环境作用。借用李业富先生的总结，"四个流派诸多学者们的大量工作表达了人类智慧理论探究的复杂性和变异性，也显现出智慧基础理论难以进一步开发。[①]

2. 相关理论

第一，智慧教育系统理论。20 世纪 70 年代末以来，我国一批学者在钱学森先生系统科学理论的引导下，从系统科学的视角开始审视中国高等教育，剖析了中国高等教育自身发展问题并提出了改革方向，形成了一些重要的概念和建议。[②] 在此研究基础上，后继研究者成功探索出了中国高等教育的改革路径，并取得了一些成效。20 世纪 80 年代，从事政治、文化、自然、经济和教育的研究人员发现各学科领域越来越呈现出一些系统科学特征：如非线性、他组织性、自组织性和整体性等复杂性特征，复杂的动态性成为系统科学研究的重要领域。教育系统的整体性是指系统内各个子系统相互联系形成一个整体，共同发挥教育功能的整体性和系统性。从教育内容的知识层面来看，教学过程不再是课堂知识

---

① 李业富. 当今西方智慧理论四大流派的划分 [J]. 心理发展与教育，1996（01）：61-64.

② 刘伟. 教育学视域下的智慧教育研究 [D]. 武汉：华中师范大学，2018：11-13.

和专业技能的简单传授与解读，而是同时从知识的整体性出发将自然科学、社会科学和人文科学等知识渐进性融入教学过程的各个环节；从教育教学环境看，不仅要从课堂环境入手，发挥环境的隐形教育功能，更要在学校的整体环境中营造一种浓郁的校园文化氛围；从教育教学的技术环节看，教学技术的现代化和信息化重点要发挥共享内容与共享主体传播效率，同时也要考虑教育科学技术与人文精神的融合教育；教育教学的各环节不仅要使学生具备丰富的想象力和严密的逻辑思维能力，还要从教学的实践和互动环节，突出对学生语言表达能力、学生群体间交往与组织协调能力、运动知觉能力、审美情趣以及相关鉴赏能力的培养等；从学生综合评价看，结果性评价固然很重要，过程性评价一样重要，同时强调实践能力的评价。通过这些知识的传授与能力的培养可以形成一个完整的系统结构，以此相互协调共同促进学生的发展。

教育系统的非线性特征是指各子系统的要素之间不仅是简单的量与内容的积累，它们之间还通过相互制约和耦合作用形成一种新的整体效应，即达到整体大于局部的效应。各子系统在相互作用下，各要素之间通过相互合作、竞争、调节、反馈和渐变消长，最终形成突变，实现有序。按照惯例，如果完成既定教育目标，一方面要加强学校教育系统内部各要素，如教师、学生、课程、教学过程组织、师生关系、班级管理等方面的相互协同竞争；另一方面，还需考虑除学校教育系统外界因素的影响，比如社会和经济发展水平、地区人口质量和结构、传统历史文化和政治主张等。通过以上列举的各有关要素之间的关系，可以看出它们之间不是简单的逻辑关系，它们的构建方式是复杂的、双向甚至多向的系统关系。随着时代变迁，教育目标也在发生着变化。在初耕农业时代，教育的目标主要是培养社会栋梁与专业精英；随着社会发展，在工业化文明时代，教育的目标主要是培养技能型的生产人才；随着教育走向大众化的市场经济进程中，尤其科技信息等快速发展，使得社会对劳动力的质量和知识结构发生根本性需求改变，生产型技能人才和服务型人才逐步向智能型人才转化[①]。

教育的自组织性特征是指：从组织的演进形式的角度来看，假设没有外部指令，系统内部自身将按照默契运转规则，系统内各要素各司其职，从无序形成有序结构，称之为教育自组织性。教育的反馈性特征是指系统将目标相关信息内容输入后，通过教学过程加工处理获得的结果内容信息，再输入教学过程环节并对其再输入发生影响的过程。通过反馈和评价嵌入到系统的各个环节，学习者通过吸收信息内容并输出加工信息过程称为学习过程。如果学习者在学习过程中没有及时输出学生信息形成反馈，则一定需要评价的正确引导，才能形成完整的学习过程链。教育的系统科学是由各系统要素、内涵和主要内容组成，他们之间相互作用和联系，形成具有相对稳定的纵向层次关系和系统内部各要素的功能性

---

① 谢莉花，尚美华．智能制造背景下技术技能人才的资格要求及培养定位 [J]．职业技术教育，2019（04）：20-26.

有机整体。由于教育系统与外界联系的紧密性，教育系统科学又是一门综合性、交叉性横断科学，系统本身是系统科学的研究对象，涵盖了系统的要素、结构与模型，目前它的理论基础与研究方法对许多学科发展起到了积极推动作用。

第二，教育信息化理论。高校智慧英语是新时代高校英语教育工作的新形态，是信息化教育背景下高校英语教育的改革方向。因此，以信息化教育为基础，对上述相关主题研究将具有理论支撑。教育的信息化是一场由科技革命带来的崭新变革，它已经引起传统的教育手段、组织模式的变革，也势必带动和影响整个教育过程、师生关系、组织管理模式，乃至整个现行体制下教育运行模式与机制在不同层面的变革，并由此形成一种全新的教育形态—信息化教育。① 大数据作为新型信息技术的代表，其被人们认识和使用的时间并不长，但它带给社会各个领域的变革速度是飞快的，就像今天的高铁速度，由于交通技术的不断提升，地域距离的时间正在加速缩短。同样的，大数据带给普通高校的教育时间也在缩短。高等教育作为社会人才的培养基地，其任务应该时刻与社会发展需求相匹配，教育应该致力于不断培养适应大数据时代特点的青年英才，使他们能够随时获取所需要的知识和信息。当前教育正面临着巨大的挑战与压力，未来将改变传统教育模式，信息引领下的创新教育模式将成为未来教育实践的重要模式。教育大数据将成为一种更加精细化管理与服务的支撑。在新时代背景下，信息化教育势必从思想上培养和发展人的主体性作为实现教育社会化和终身化的培养目标，在教育实践环节，着力实现教育的主客体始终做到交互、共享、协同和创新建构。

教育信息化基本理论包括：信息技术与课程整合理论、信息化环境下的教与学理论以及教与学方式信息化环境下的教学设计理论、信息化环境下的教学评价理论四个组成部分。

首先，智能信息技术与课程教学的整合。我国教育学者提出了中国特色的"智能信息技术与课程的整合理论"，指出在教学过程中，将信息技术与课程进行高效整合，营造一种容易调动学生积极性和发挥教师主导作用的信息化教学环境。在此环境下，培养老师和学生形成以自主、探究和合作为特征的教与学模式，这将改变以教师为中心的传统课堂教学结构，充分挖掘学生的主动性、能动性和创新性。通过以上定义分析可以得出其内涵的三种基本属性内容：营造信息化教学环境、构建新型教与学模式和变革传统教学结构。②

其次，信息化环境下的教与学方式的优化。按照学者提出的"信息技术与课程深层次整合理论"，其根本内容是构建教与学并重的学习理论和教学理论等两个基本理论。有学者对信息化环境下的教与学理论进行了拓展，提出"数字化学习"理论，学习者在数字化

① 雷朝滋. 教育信息化：从 1.0 走向 2.0—新时代我国教育信息化发展的走向与思路 [J]. 华东师范大学学报（教育科学版），2018（01）：98-103.

② 何克抗. 我国教育信息化理论研究新进展 [J]. 中国电化教育，2011（01）：1-19.

的学习环境而非在传统的学习环境中，利用数字化学习资源，实现以数字化方式进行学习的全过程称为数字化学习，因此，构成数字化学习方式的三个基本要素分别是：数字化学习环境、数字化学习资源和数字化学习方式。[①] 有学者在此研究基础上，梳理信息化环境下的教与学理论等相关研究领域并进行了扩充，分别提出了协同学习理论和"移动学习理论"，提出信息环境下的教学方式需要满足"数字化学习资源、虚拟学习社区、学习管理系统、设计者心理、学习者心理"等五个基本条件。[②] 还有学者利用创新学习方式，在前人研究基础上拓展了信息化环境下的教与学方式的研究。他把创新学习形式分为三类：个体学习、协作学习和团队学习。三种形式的学习互为依存，相互补充。个体学习是多种创新学习形式的基础，不同形式的学习形式最终通过个体学习来实现。特别是在信息化环境下，个体学习是协作学习和团队学习的基础形式，协作学习是个体学习信息化环境下的拓展，团队学习是个体学习与协作学习的集合。在任何形式的学习中，个体依然是学习的主体，即使是协作学习也是个体之间的协作，最小单位是个体。个体学习和协作学习共同形成团队学习，相互作用、相互促进。在团队学习中，学习的主体发生了变化，由某一个体变成团队或群体，比个体学习创造出更多的学习价值影响力。

（二）关于智慧教育的研究

1. 国外关于智慧教育的研究

随着学界对智慧研究的推进，智慧教育也逐渐受到越来越多学者的关注。进入21世纪，教育学和心理学学者仍十分关注智慧。许多学者更多地讨论教育与学习对智慧生成的重要性。美国著名心理学家斯滕伯格从20世纪80年代开始研究智慧，2001年提出了智慧的平衡理论，论述了学校为什么要为智慧而教。随后，将理论成果广泛运用于学校的教育教学之中，基于平衡理论，提出了智慧教育的十六条原则和六大方法。国外对智慧教育的研究比国内要丰富和深刻，可能与国外对智慧的研究更广泛和更深刻有关。这些著作从对智慧内涵的阐释、智慧教育的重要性、智慧缺失对学生发展的影响、道德和慈善的重要性以及智慧教育的措施等方面进行了论述，对智慧教育的发展起到了较大的作用。此外，一些国家甚至将智慧教育上升到国家战略层面，从政策层面助力智慧教育的发展。

第一，新加坡：智慧教育是智慧国家的重要组成部分，上升为国家战略，突出教育基础设施支撑下的个人学习空间建设与信息技术创新。新加坡的智慧教育发展现状，归纳认为新加坡政府 i N2015 计划（Intelligent Nation 2015）的重要组成部分是智慧教育，分为建立个性化学习空间、教育基础设施支撑和全球教育领域的信息技术创新中心等战略重点。为提供一个拓展至课堂之外的，以学习者为中心的交互式学习环境，新加坡通过包

---

① 李克东. 数字化学习（上）- 信息技术与课程整合的核心 [J]. 电化教育研究, 2001(08)：46-49.

② 黄荣怀, 陈庚, 张进宝, 等. 关于技术促进学习的五定律 [J]. 开放教育研究, 2010(01)：11-19.

括 i ACCESS、i LEARN、i EXPERIENCE 的智慧教育主体 Ed Vantage 项目来落实。目前在该国学校里全面实验和推广，贯穿该国的教育变革。[①]

第二，韩国：加强电子教材的建设，突出在线学习与评价系统等的开发。从当前韩国的智慧教育发展来看，为培养适应未来信息社会的创新型、国际化人力资源，该国政府于2011 年发布的《推进智慧教育战略》，其重要战略目标就是培养国际化的人力资源。韩国信息产业的发展为开展智慧教育提供了重要的基础技术支撑，在韩国相关国际信息产业巨头的有力技术支撑下，同步协同实施教育信息化综合发展的三期规划与教育、科学和技术信息化总体规划等策略，加强对电子教科书开发和应用、推广在线学习、构建在线评价系统等 7 项主要战略，帮助该国学生在数字阅读素养评价中处于领先地位。[②]

第三，美国：重点突出教育大数据对课程一体化设置与实施的规划、建设、干预与反馈的循环机制。区别于亚洲的韩、新两国分别从发展战略的规划引导到基础支撑的强力技术支持，美国则从企业和政府两个层面推进智慧教育。首先在企业层面，以 IBM 公司所推出的智慧教育框架为先锋。该企业提出 21 世纪教育的五大特征，通过教育大数据的储存与分析，帮助教师进行针对性教学干预，科学评估学生学习状态；协助教育管理者评估机构和课程建设；借助数据分析，控制教学过程等方面具体实施步骤，利用若干独立的解决方案（如教育决策方案、教育评价管理方案等），突出教育大数据对课程一体化设置与实施的规划、建设、干预与反馈的循环机制，促进美国智慧教育改革。其次在政府层面，是以美国教育部发布的 NETP2010（改变美国教育：技术增强的学习—美国国家教育技术计划 2010）为智慧教育发展战略。针对州政府进行量化评估，美国制定了"力争上游"（Race to the Top）计划，突出教育量化评价的引导与管理功能，加强教师专业化发展的培训和教育改革等方面，促进全国教育系统的全方位、整体性变革。[③]

第四，英国：注重对智慧教育环境的构建。与美国在智慧教育课程设置与建设过程中，企业通过教育大数据参与技术支持，政府通过数据量化评价进行引导和管理的特征进行对比发现，英国学者致力于智慧教育环境的构建，打造嵌入计算、协同服务、多模态传感器的智慧学习空间，可以完美支持远程学习者沉浸式的交流协作以及空间中多人的协作工作。[④] 他们的成果既打破了传统计算机的单一功能界限，又创造出促进教育发展的创新学习范式。

---

① Martelli C. A Point of View on New Education for Smart Citizenship[J]. FUTURE INTERNET，2017，9（01）.

② Peredo R，Canales A，Menchaca A，et al. Intelligent Web-based education system for adaptive learning[J]. EXPERT SYSTEMS WITH APPLICATIONS. 2011，38（12）：14690-14702.

③ hea J J. Smart Microgrids-Lessons from Campus Microgrid Design and Implementation[J]. IEEE Electrical Insulation Magazine. 2017，33（5）：57.

④ Pirahandeh M，Kim D H. Energy-aware and intelligent storage features for multimedia devices in smart classroom[J]. Multimedia Tools and Applications. 2017，76（1）：1139-1157.

第五，德国：提升数字能力的教育，促进大数据驱动下教育机构与教育管理发展。德国是世界上老牌工业发达国家，但特别注重通过教育发展来推动工业变革。顾娟等人研究发现，德国制定了以教育 4.0 为主导的 2030 教育战略，提出要在学科课程中普遍融入数字能力教育，在教学内容中融入计算机思维和数字理解能力；师资教育培训信息科学教育和数字能力培养；加强数字化教育基础设施的建设，促进教育机构和教育管理的大数据等具体战略举措。①

第六，法国：推进"数字化校园"，鼓励家长参与的家校合作方式。法国近年来全力推动"数字化校园"教育战略规划，取得了良好进展。该国政府通过教育设备升级、在线资源建设、注重家庭参与，推动法国基础教育的数字化发展。已经在巩固学科知识，创新学习方式；提升信息素养，储备未来人才；明辨网络信息，培养综合素养；鼓励家长参与，推动家校合作等方面全面彰显该国教育创新效果。②

2. 国内关于智慧教育的研究

国内学者对智慧教育的认识，可以统一归纳为：它是多种智能技术与教育深度交叉的产物，逐步发展成为技术变革教育时代发展的主要方向。智慧教育将引领全国教育信息化发展，成为未来教育信息化的一个重要发展方向。从当前文献研究来看，以智慧教育为主题的研究可分为概念和特征、发展路径、体系构架和智慧型课程以及智慧学习环境的创新实践等几个主题方向。

第一，智慧教育的概念研究。国内学者从自身学科背景和特征出发，界定和阐释了智慧教育的概念。如从系统的角度，有学者研究认为，智慧教育（系统）是由相应组织提供的高体验、高适配和高效率的教育行为（系统），智慧教育是利用 WEB2.0 所打造的智能化、物联化、泛在化和感知化的教育生态体系③；有学者强调教育的过程性视角，认为智慧教育是对教育过程中的相关信息进行感知、识别、处理、分析，为教育相关者提供适时地决策、反馈、评价信息的一种教育方式，运用新信息技术，通过智慧学习环境、教学法，促进智慧学习，培养具有高度创新性的人，归纳出智慧教育的内涵④。有学者认为智慧教育是教育信息化发展的高级形态和必然趋势，是以服务为重心，以应用为驱动，以高效能、低消耗的途径，通过多方利益相关者沉浸式的参与，促进学生多重智能发展教育⑤。

第二，智慧教育的特征研究。学者从技术特征、教育特征和资源特征等方面进行阐释。

① 顾娟，彭正梅. 用教育 4.0 推进工业 4.0 德国教育 2030 战略考察 [J]. 外国教育研究，2019，46（04）：118-128.

② 任一菲. 法国"数字化校园"教育战略规划概览及启示 [J]. 世界教育信息，2018，31（18）：14-17.

③ 杨现民. 信息时代智慧教育的内涵与特征 [J]. 中国电化教育，2014（01）：29-34.

④ 祝智庭. 以智慧教育引领教育信息化创新发展 [J]. 中国教育信息化. 2014，（09）：4-8.

⑤ 张立新，朱弘扬. 国际智慧教育的进展及其启示 [J]. 教育发展研究. 2015，（05）：54-60.

有学者从宏观和微观两个层面归纳了智慧教育的技术特点。宏观层面是基于SOA（面向服务的架构）软件架构体系，有效提高系统的性能；而微观则表现在跟踪、记录教与学的过程等几个方面，并将智慧教育的技术特征总结为六个核心特点，将智慧教育概括为全交互、智能化、一体化、互联网和信息化等五个时代特征，体现多种智能技术与教育的深度融合。在教育特征方面，杨现民分析了智慧教育具有课程和信息技术整合；全球教育资源可为更多的人提供多次学习的契机；呈现无处不在的开放学习，节约大量的支配时间；可持续高效的管理快速提高教育的各个方面；借助科学分析与评价，有益于机构的管控，全面了解综合情况。蒋家傅、王玉龙探讨了智慧教与学的几个新特点，包括获取课堂生成性资源和教学资源；辅助教学决策，并跟踪、分析；实现课堂互动；主要学习方式为自主学习；教学突破时空界限等内容。

第三，智慧教育的发展战略与路径研究。发展战略、发展策略和可持续发展等方面研究是智慧教育发展路径方面的主题。首先，有学者借鉴发达国家智慧教育发展战略经验，着眼我国教育愿景和现实条件，提出我国智慧教育发展应在重构教育生态系统等战略方面下功夫，论述了七大发展路径。其次是提出针对性策略，柯清超详释了实现智慧教育的发展路径。面对资源浪费的现状，钟晓流提出统一计划等五步实施路径。关于智慧教育的体系构架方面，相关学者做了不少探索，发布了具有代表性的研究成果。钟晓流认为智慧教育系统由四大模块组成，可分为技术层、平台层、服务层、应用层，并区分了高等和基础教育系统，将智慧教育的总体构架概括为"一个中心、两类环境、三个内容库、四种技术、五类用户和六种业务"，并通过对现代教育系统的构成要素进行逻辑演绎，得出智慧教育系统具有五大要素，包括三重境界[①]。

第四，智慧教育的技术支撑相关研究。智慧教育是高度依靠互联网、大数据、物联网、云计算等新型技术的教育形态，因此对智慧教育体系架构及支撑环境的研究是智慧教育研究的重要领域，占据当前智慧教育研究的较大比重。前期研究认为，智慧教育的基本技术支撑包括互联网、大数据、云计算、物联网和泛在网络等。在此基础上，近几年新兴的虚拟现实、人工智能、定位导航等先进技术也被越来越多地引入到智慧教育之中，越来越成为智慧教育的重要技术支撑条件。大数据作为当前研究的热点领域，也被众多专家所关注，被引入到智慧教育之中，成为当前智慧教育领域关注的重要技术支撑条件，并基于数据挖掘等算法，实现教育大数据的信息挖掘和教育优化。此外，学习分析技术作为测量、收集、分析和反馈学习者效果和状态的数据，是实现智慧教育优化的重要支撑条件。当前，随着新型科技不断发展，智慧教育技术支撑研究的外延也在处于不断地扩大和拓展之中，并将随着智慧教育实践的不断拓展而赋予新的内涵和外延。因此，对于智慧教育技术支撑领域的研究，将成为未来智慧教育领域的重要研究方向和热点领域。

---

① 李润洲．智慧教育同名异义现象解析［J］．徐州工程学院学报（社会科学版），2019，34（4）：87-94．

第五，智慧教育的智慧课程与学习环境的创新实践研究。智慧教育的应用和实践是对理论研究的检验，在实践和创新应用中，带动智慧教育创新发展。目前学者从不同的角度阐述创新智慧教育的细分内容，从智慧型课程和智慧学习环境展现智慧教育的创新实践。这些实践积累，为智慧教育的创新发展提供了广阔的拓展空间，并成为智慧教育实践路上的奠基石和里程碑。首先，智慧型课程。智慧型课程是智慧教育核心元素，集中展现"互联网＋课程"的特征，绝大多数教育创新以及最引人瞩目的教育创新，是课程的创新。比如，最典型的慕课（MOOC 大规模开放在线课程）等教学模式创新的核心都是课程。所以课程是教学内容和教学活动的主要载体及基本依据，体现智慧教育时代背景下课程本质的变化。智慧教育的发展重点是智慧型课程的设计与实施。有学者认为智慧型课程旨在着力培养学习者高级思维能力和适应时代创新创造能力。要按照"互联网＋"时代对教育的创新要求，以"知行创统一"为指导思想，实施融创式智慧教学模式，把握课程目标的时代定位和创新教育模式，并指出当前在线课程的开发，从最初量的扩张逐渐向质的提升转变。开发过程不仅要关注课程资源的拓展性，更要关注多元评价与多重交互过程。通过开发"从共享到共生"的在线课程模型，将学习者纳入课程建设共同体，突出学习者在课程开发中的重要作用，实现从基于资源的"共享学习"到迸发智慧的"共生跃迁"转变，为课程开发者与课程学习者提供在线课程教与学的有效策略。[①]其次，智慧学习具有时代性和针对性，是智慧教育的基本组成部分和基础工程。对国外研究现状分析表明，美国犹他州立大学配备了动作捕捉技术的智能教室，全球虚拟现实培训机构 VR First 在 23 个国家建设虚拟现实实验室，乔治亚州大学的虚拟助理在招生方面成效非凡。智慧学习环境的构成要素包括资源、工具、学习社群、教学社群、学习方式、教学方式六个组成部分，是智慧教育的首要境界。他定义了智慧学习环境，指出不存在统一、笼统的智慧学习环境，应与具体的教学和学习方式关联。黄怀荣认为，智慧学习环境的技术特征主要体现在记录过程、识别情景、联接社群、感知环境等四个方面，其目的是促进学习者轻松投入和有效的学习。智慧学习环境是实现教育者、学习者和管理者开展教育实践活动的智能化空间和学习条件。智慧学习环境的营造，首先要有明确的教育指导理念，依靠各种人工智能和感知技术实现各种教育实践的情景模拟和管理，为教育实践活动提供各种学习资源，学习社群、教学社群和智能感应工具，共同形成教育学习环境资源的智慧。智慧学习环境具有融合性、感知化等特点，是智慧教育成功实施的基础和保障。

第六，高校智慧教育的现状研究。高校智慧教育是智慧教育理念在高等教育特定应用场景下的思考和实践，当前针对高校智慧教育的研究刚刚起步，目前集中于高校智慧教育的理论探索研究、高校智慧教育平台构建研究和高校智慧教育的教学实践研究三个方面。首先，高校智慧教育的理论探索研究。智慧教育为传统高校教育模式带来了新的机遇和挑

---

① 赵丽．在线课程开发：从资源"共享学习"到智慧"共生跃迁"[J]．电化教育研究，2016(11)：67-74．

战。在智慧教育蓬勃发展的背景下，高校智慧教育的理论研究探索成为当前高校智慧教育的一个重要研究领域。该研究领域主要针对当前智慧教育的发展现状，对高校智慧教育的发展模式、智慧教育对高校教育的机遇与挑战、智慧教育背景下高校教师的职业能力提升、高校教育管理模式的改革探索、智慧教育背景下高校人才培养模式的改革与探索等理论角度进行分析，为高校智慧教育的发展提供思考和借鉴。其次，高校智慧教育平台构建研究。高校是现代教育技术和科技成果实践应用的主阵地，对高校智慧教育平台进行研究是目前高校智慧教育研究的一个重要领域。围绕高校智慧教育的网络平台搭建、高校智慧教育云计算平台的构建、智慧教育背景下基于大数据中心的高校云计算服务架构、智慧教育背景下高校计算机管理平台的构建等视角，对高校智慧教育平台的构建进行探索和实践。[①] 再次，高校智慧教育的教学实践研究。基于智慧教育的技术和理念，针对高校教学和管理中所面对的具体问题，众多高校教育工作者和管理人员对此进行了一些实践探索，构成了当前高校智慧教育的又一个研究领域。这些研究具有较强的应用场景和现实应用环境，是当前高校一线工作人员在日常高校教学管理工作中践行智慧教育的案例。这些研究包括，高校图书馆智慧教育服务体系研究、高校智慧教育财务管理的改革与实践、智慧教育环境下高校学生学业评价研究、高校特定课程教学革的"智慧教育"实践与探索等。[②] 随着智慧教育技术的发展普及和智慧教育理念的不断深入，这一领域研究将成为未来高校智慧教育研究和应用的主要领域。

第七，智慧校园研究。高校作为信息产业研究的重要基地，信息化基础建设、信息技术应用与推广已经覆盖大多数大学校园。近年来，高校信息化步伐正在加快，尤其是在人工智能与云计算背景下，带有人工智能的教育设施、体育设施和生活设施正在改变大学校园的传统运行模式。国外智慧校园的相关研究起步较早，将信息技术与教育教学深度融合，建设经验相对丰富，得出的研究成果值得借鉴和深入探讨。比如建设高校设施管理决策支持的可视化平台、开发支持大学校园室内外导航和寻路的智能应用、将云计算或泛在计算用于学习资源服务、学习环境建设、科研数据分析等方面已有成熟尝试，形成了诸如斯坦福大学基于大数据分析、佛罗里达国际大学空间赋能、海梅一世大学基于"平台+APP"、延世大学基于移动技术服务导向的智慧校园模式。有学者根据国外研究热点和国内现实，形成了"以组织机构为根基，以基础设施、应用服务和信息资源为核心，以运维管理和制度规范为保障"的智慧校园六维评估模型。[③] 有学者指出，智慧校园是第四代数字校园的呈现状态，智慧元素已然成为校园文化建设的重要元素，拓展学生活动和服务的时空维度，共享信息与共享资源成为学校办学的一个重要教育平台。通过走访和文献搜索，发现浙江

① 周婧.成人高校智慧校园建设计算机机房管理探析 [J].信息记录材料，2019，20（03）：174-175.

② 陈殿兵，杨新晓.智慧教育环境下高校学生学业评价研究 [J].高教论坛，2019（03）：78-81，116.

③ 沈霞娟，洪化清，宁玉文等.国外智慧校园研究热点与典型案例分析 [J].现代教育技术，2019（12）：13-20.

大学和南京大学都进行探索性的构建，初步建设了智慧校园的框架，包括智慧校园综合信息服务、网络基础设施，其中包括门户服务、数据融合、信息融合等建设任务。要实现智慧校园的协同与创新，要抓好三个关键指标的建设：首先，校园全面协同，将智慧校园中的全部软硬件环境，进行全面融合，实现学校应用与服务领域与教学资源的互联和协作，满足数据化教育体系构建的基本需求；[①] 其次，个性化服务，指为广大师生提供个性化资源类定制服务；最后，实现学校与社会互联智慧交流，一方面学校的各类教学资源实现对社会高效有序开放，另一方面也积极了解和接受社会对学校教学资源的需求与反馈。

（三）关于大学英语教育的研究

国内关于大学英语教育教学的研究，可谓文献量之大，讨论主题之多。在中国知网以"大学英语"为主题，时限为 2000 年至 2021 年，搜索到期刊论文 9 万余篇，硕士论文 8 千余篇，博士论文 4 百余篇。内容涉及大学英语的教学实践、教学内容、教学方法、教学理念、大学英语四六级考试、大学英语教师以及大学英语的目标、大学英语的发展等方面。

1. 大学英语教育理念研究

学界对于大学英语教学理念的讨论，重点放在大学英语教学的工具性或人文性的属性上。其他关于教学理论的选择、教学内容的确定、教学方式的运用等，以及"取消"或"转向"大学英语的提出等，都是基于对大学英语教学属性所持的信念。上海交通大学的杨惠中教授明确提出，"大学英语课程应回归以外语为工具的教学理念"。蔡基刚教授等不仅提出了大学英语教育的纯工具性，而且认为一旦学生的英语水平达到了一定的程度，大学英语的历史使命也就完成。于是，蔡教授等近几年着力主张大学英语教学的"转向"，即转为专门用途英语，大学英语教学重点应从目前的通用英语立即向专门用途英语，尤其是学术英语转移，并确立为专业学习和今后工作服务的大学英语教学目标。近几年，许多院校都在逐步缩减大学英语必修课的学分，有些学校目前大学英语必修课的学分很少，甚至不及教育部颁布的《大学英语课程教学要求》建议学分的一半（建议 16 学分左右）。[②] 这些措施在很大程度上也映射了其大学英语教育的工具性观念。当然，大学英语教育目标模糊、意义不清、费时低效是当前取消大学英语课程或压缩大学英语学分的重要原因。取消大学英语课程或压缩学分，这么做并不是说大学生的英语水平已经达到了较高的水平或无需继续学习英语的程度，恰恰反映了大学英语教学目标的含糊、大学英语教育意义的缺失以及大学英语教育理念的不明晰。而另一方面，也有很多文献主要从论述大学英语教学的工具性价值的角度从而支撑"不能取消大学英语课程"这一观点。

---

① 常波．大数据背景下的高校智慧校园建设探讨 [J]．职业技能培训教学，2018（04）：30-31.

② 王守仁，王海啸．我国高校大学英语教学现状调查及大学英语教学改革与发展方向 [J]．中国外语，2017（05）：11-17.

许多学者还从英语兼具外语与国际通用语的双重身份的视角，提出英语对我们来说不仅仅是一门外语，同时也是当今世界的通用语，提出大学英语教学不但不能取消，反而要加强。学者们认为，虽然把英语提升到作为通用语而进行教育对我国许多人来说还有些不妥，但在全球化、信息化的背景下，外语学习的意义远远超越了语言教学层面。比如，英语已经成比较通用的语言，似乎对于以英语为母语的国家来说无需为外语担忧了，但是在美国，国家外语能力却被视为保障国家安全的重要战略资源越来越受到重视。同样，欧盟也十分重视外语学习，《欧洲语言教学与评估共同纲领》《促进语言学习和语言多样化行动计划》《欧洲教育与培训合作战略框架》《博洛尼亚宣言》等都对较大地影响了欧盟各国的外语教学。

根据已有文献来看，近年来学界从大学英语教学的人文性出发，或人文性与工具性相结合的视角阐述大学英语教育的有所增多，但是普遍不够深入。以文秋芳教授为代表的提出，大学英语教育的工具性兼人文性性质。王守仁提出要充分发掘大学英语课程丰富的人文内涵，真正实现其工具性和人文性的统一。周海燕等提出，大学英语教学应以知识教育理念为指导，培养学生较高的文化素养，扩宽其知识面，提高学生的英语综合应用能力和跨文化交际能力，并提出重构大学英语教学的目标。也有学者们争论大学英语到底应以语言驱动还是以内容驱动。深究起来，触发这些探讨之源主要是大学英语教育缺乏一个总的目标的引领。无论是普通用途英语、还是专门用途英语、工具性还是人文性，语言还是内容，或多或少都是在探讨大学英语课程定位、大学英语教学目标与内容或大学英语教学的价值追求。这些争论实质上都是因为目标与侧重点的不同而引发，不能说孰是孰非，基于不同的目标、视角、背景所阐述的观点都有其道理。但如果大学英语教育有一个宏观的理念指导和价值追求，这些学界的探讨会走上良性循环，给人以正确的引导，不会导致过多的矛盾观点，让人无所适从，影响大学英语教学质量，甚至误导教学实践。然而，当前学界思想交织，宏观上也没有一个定论，全国大学英语教学指导委员会也没有给出明确的指导方向。导致大学英语教育缺乏明晰理念指导和方向引领，导致教师的教与学生的学更加功利和迷惘，导致了大学英语教学的"费时低效"。

本研究认为，大学英语具有工具性，但工具性是它内在人文性的衍生，在其内在的人文性不断实现的历程中，其工具性将随之得以发展。而仅仅作为工具的大学英语教学是没有灵魂的，没有了灵魂的大学英语教学，就失去了其存在的理由。本研究希望从分析大学英语教育的功能和意义出发，从而促进大学英语教育理念的明晰和提升其实践的有效度。

2. 大学英语教学研究

因为没有明晰的理念指导，当前对大学英语教学的研究缺乏系统切实可行的，从理论指导到实践操作的论述。更多的是就大学英语教学某一个方面，进行操作性或经验性的分享。如，怎样讲授课文，如何进行单词语法学习，如何进行写作、阅读、翻译、文化教学等等。又如，提出教学内容、方法、模式或者是具体教学模块，如何分析篇章、如何进行词汇、听说教学，如何进行四级整体备考教学，还有分四级听力、阅读、写作等等。基本上是具体操作层面，而且因为总的理念的模糊，这些讨论显得很分散，没有一个核心指向，就没有能够成为一个整体指导教育教学实践。理想状态是，在总的理念和同标的统一下，多角度、多层面探究教学实践，最后会成为一个体系，所有方法、模式、内容等都指向这一理念和目标，其合力无疑会大大作用于大学英语教学质量的提升。另外，对于大学英语教学的要求和目标，有学者提出了质疑，但是没有很好地论证大学英语的明晰发展目标和追求，更没有一个为了明确的目标来系统实践指导。基于大学英语教育意义的系统探究也是缺乏的。当然，当前普遍教学重点在于关注学生英语语言知识的习得。针对这一现状，也有相当一部分是从教学理念层面的探讨出发研究，教学实践。学者们纷纷从不同的角度提出，要关注提升学生的跨文化交流意识和能力，以及大学英语教学中的本国文化失语症等问题，并分享了相应教学策略。如许多学者也提出了大学英语教学要关注学生的批判精神和创新思维，要对学生的情感、态度、价值观进行引导，关注学生的和谐发展等。

这些研究，都对思考大学英语教学提供了可贵的引导。也为大学英语教育的智慧关怀研究从不同的侧面提供了思路。只是已有的研究一般是从不同的角度提出一个问题后，从局部进行阐述理论和实践，缺乏明晰的大学英语教育理念指导下的系统实践探究。另外，对有些方面的阐述如，对学生的情感、态度、价值观引导，论述得比较浅，一般都是大家熟知的观点，用有些大学英语教师的话说，就是"只要有时间，就会涉及"，而没有结合课程特点，有针对性地提出其重点在哪些方面，如何对学生进行引导。如，引导学生的文化态度和翻译伦理等。而且，有些只是提出问题，没有结论及解决，有的比较片面地分析和解决问题，比如关于要关注学生情感、态度、价值观的引导时，常常脱离了英语教学实践，不是在英语教学这一载体上进行。所以，让许多人误解地提出，在大学英语教学中进行人文引领得不偿失，不如用母语有效得多。这样的误解，一方面，是当前对"人文教育"的狭义理解，而人文教育远不止于人文知识的传授和学习，学生在外语学习历程中的体验、感悟等是其他历程难以替代的。另一方面，当前大学英语界对大学英语教学中关注学生人文素养的理解有偏差。只是表层地提出为什么和怎么样，而没有探究其更深的内涵，没有探究大学英语教学与对学生人文引导更密切的联系。与通过学习外语再通过母语解读感悟的人文是有区别的。在之前研究的基础上，基于大学英语教学，以引导学生智慧生成为目标，研究如何在大学英语教学中系统地引导学生的知识习得、思维训练和人格养成，以发展学生的智慧，以及教师如何提升自己追求引导学生智慧生成的教育。提出明晰的导向，也论述具体操作。

四、相关概念及理论阐述

（一）相关概念阐述

1. 大学英语教育与教学

本研究的大学英语教育与大学英语教学在一定意义上是相通的，当教学的重点不只是关注知识的传授，而且指向学生非认知心理的发展，关注学生心理力量的强大和身心的健康，以学生的智慧生成与和谐发展为目标时，这样的"教学"我们可以称其为"教育"，本研究追求的就是这种意义上的"教学"。这也是为什么本研究的题目选用大学英语"教育研究"，而不是"教学研究"，以区别于当下重心在于单一知识传授与应试技巧培训的狭义的"大学英语教学"。

2. 大学英语教师

本研究中的"大学英语"特指我国一般本科院校为非英语专业大学一二年级学生所开设的《大学英语》课程，为必修的公共基础课。英语教学可以分为英语为母语的教学、英语为第二语言的教学和英语为外语的教学三种。我国的大学英语属于英语为外语的教学。大学英语是大学外语的一门课程，改革开放以来，大多数高校选择英作为第一外语。有条件的学校还开设大学德语、大学法语、大学俄语、大学日语等选修课程。1949年至1985年，大学英语课一直被称为公共英语课，1985年开始，正式使用"大学英语"。本研究中的"大学英语教师"特指，我国一般本科院校担任大学一二年级非英语专业学生《大学英语》课程的教师。大学英语教师，也称作公共英语教师，以区别于专业英语教师。本研究所指的大学英语教师，讲授的课程性质为必修的公共基础课；教学对象为非英语专业本科一二年级的学生；课堂教学包括精读、泛读、听力、口语、写作、翻译等。目前大学英语教师的主流理念是，担任学生英语综合运用能力提高的促进者，实际充当主要角色的是，单一英语语言知识的传授者和四六级考试的培训者。

（二）相关理论阐述

1. 人本主义心理学理论

由于科学主义对人性尊重的忽视，以及行为主义理论研究的片面性，加上精神分析主义人性本恶的观点，人本主义心理学在1950-1960年之间应运而生了。人本主义心理学主要研究学习者的内心世界，而对人的思想、情感以及愿望等因素排在人一生发展中的首位。人本主义心理学的主要代表人物是马斯洛以及罗杰斯。马斯洛是美国著名的社会心理学家以及人格理论学家，他的主要理论为需要层次理论和自我实现理论。马斯洛认为人类的需要层次有层级的变化，高低不同，是从低级走向高级的过程，从低到高依次是生理上的需要、安全上的需要、爱与归属的需要、被尊重的需要、认知上的需要、对于美的需要以及自我实现的需要。在马斯洛看来，如果下一级的需要不能被解决的话就不能进行上一级的需求。尽管马斯洛的等级需求理论中的等级顺序受到西方学者的怀疑，但是其对教学上的影响具有毋庸置疑的意义。首先，学习者在学习上遇到困难很可能是由于他的生理需要或者是课堂上的基本需要没有得到满足所致。其次，尽量让学生进行独立思考，这是满足其认知上需要的方式，不要对学生别出心裁的答案或者是想法进行妄自菲薄，因为这是满足学生对美的追求的需要。

人本主义心理学着重强调在整个教育过程中，人的重要意义，然后才是强调学习者的重要性。因此，我们首先应该处理人的问题，然后再处理学习上的问题。在整个教育的进程中，教师不仅要关注学生个体的精神健康、成熟发展，使其逐步实现自我完善，而且要尊重学生的个体差异和创造性，帮助其全面发展，充分调动学生的情感因素，发挥其认知能力。美国人本主义心理学之父罗杰斯运用"来访者中心疗法"提出了"以学生为中心"的教学理论。"来访者中心疗法"又叫做"非指示疗法""以人为中心"理论，它主要的观点是说每个人都是积极向上、充满自信的个体，具有无限发展的潜质。然而他们出现"患病"症状的原因是，因为自己对经验的知觉出现歪曲的判断或是对自己否认所致，从而阻碍了其自身的成长。因此"治疗"这些"来访者"的方法就是给予他们无限的关爱与真诚的帮助。罗杰斯的教学观特别强调了情感性教学，即为学生创造轻松、愉悦和谐的环境，使师生间的情感得到升华，进而促进学生身心的健康发展。

罗杰斯的教学观点可以概括为：（1）是以学生为中心的教学模式，强调了学生是教育的中心，学校以及教师应该为学生服务。（2）是教师与学生应该协作学习，共同完成教学计划，在整个教学过程中学生是学习的主体，是学习的探索者，而教师应该是咨询者、引导者。（3）是虽然教师是各种学习资源的供给者，但是应该鼓励学生对学习资源进行推陈出新。（4）是师生间可以相互合作，共同制定出适合自己的学习计划。（5）是教师应该充分关爱每一位学生，为他们创设良好的学习环境以及班级氛围，激励学生认真努力地开展学习活动。（6）是教师不要只把精力放在学生学习的内容上，而要使学生在每个学习阶段都有所进步，培养学生终身学习的习惯。七是关于课堂纪律方面，学生应该学会自律。八是教师应该激励学生对学习进行自我评价，找出自己的优势所在，对于劣势要学会尽量避免。罗杰斯的这种人本主义教育观为学生自主学习奠定了理论上的基础。

2. 认知学习理论

认知学习理论认为，学习者的学习过程是知识信息在学习者头脑中内化和重组的过程，学生主动学习有助于认知的发展。智慧课堂丰富多彩，带有互动性及趣味性的学习资源能够激发学生的学习兴趣，进而让学生主动学习，促进学生的认知发展。认知主义学习理论是继桑代克的行为主义理论之后又一具有非凡影响的理论，它源于格式塔学派提出的认知主义学习理论。认知主义学习理论的基本观点是，学习的过程是学习者积极主动的认知以及应对外部环境刺激两者相互作用的结果，它着重强调学习者的学习、记忆以及对新知识的获取和处理加工的过程。学习并不是直接从外部环境平移到学习者的记忆之中，而是基于已有的知识经验与外界环境相互结合来获取以及构建新信息。认知主义学习理论中最著名的当属格式塔学习理论、布鲁纳的认知发现说和乔姆斯基的语言学习论。在下面的篇幅中，笔者将对它们逐一加以阐述。

第一，格式塔学习理论，作为理想主义理论之一，是 1912 年由 Wetheimer 首次提出并在德国获得了快速的发展。其代表人物苛勒以及考夫卡的书被译成英语，以及他们对美国的访问使格式塔理论在美国心理学界掀起了一场轩然大波。在格式塔学者们看来，学习并不是主要的而是衍生的现象，所以并不需要特别关注，习得的知识只不过是对知觉组织的结果。学习个体所表现出的行为取决于对之前知识的加工利用，以及对现时问题的分析与解决。格式塔学习理论也是通过对动物进行试验，进而证明了学习个体对学习过程中产生行为变化的实质以及原因。

苛勒从 1913 年开始对黑猩猩进行试验，该实验一直持续了四年，用来证明黑猩猩的学习其实是一种顿悟，与桑代克的试误说完全不同。该实验中，装着黑猩猩的笼子外放有香蕉，在笼子内放有两根短棒，黑猩猩用其中任何一根短棒都不会碰到香蕉。这时当黑猩猩拿起短棒进行玩耍时，顿悟就出现了，其中一只黑猩猩将两根短棒首尾相连接在了一起而够到了香蕉。苛勒对此的阐释是当动物遇到困难时，首先可能会对周围的环境加以审视以便试探成功的可能性。其次当动物偶然间把短棒当做取得成功的手段时，并且把短棒与远处的香蕉加以联系，由于顿悟的产生进而解决了问题，并且一旦发现这种方法行之有效之后便会将其运用到解决类似的情景问题中。也就是说，顿悟是对目标和达到目标的手段与途径之间关系的理解。可见，顿悟的核心是掌握事物的整体，而不是事物的细节，学习的实质是在主体内部构造完形。

格式塔这个词是从德语 Gestalt 音译而来，因此又可以被翻译成"完形"—整体的结构。格式塔心理学家一致认为完形是一种心理的结构，是在机能上可以相互作用以及影响的整体组织结构。整体上来讲，如果有机体想与完整的客观世界保持结构上的平衡，必须在头脑中形成应对变化的措施。一旦客体发生变化，即原来的整体也产生了空缺，这就要求有机体对其进行补救，才能达到平衡态。所以有机体在头脑中会形成补救空缺的方式，以形成新的整体结构。补救空缺的方式就是学习的过程。在外语教学中，英语教师一定要让学生知道，学习一门语言的过程应当囊括整体，而不是仅仅对某一部分进行学习。比如，现在大学生由于四、六级考试或是考研的压力，只重视语法以及词汇的学习而忽略了听说的学习，导致大学生在求职过程中由于口语、听力较差，不能达到正常交流的目的而被用人单位拒之门外的现象。这也与新修订的《大学英语教学大纲》中倡导的重视培养大学生英语实际应用能力，是背道而驰的。因此学生应该从英语的各个要素着手进行全面的学习，搞清楚各个要素之间的相互联系性，要在听、说、读、写、译之间建立有效的"格式塔"。比如在学习一个新词时，学习者应当充分知道它的发音、形式以及意义，从而整体掌握这个新词，还可以运用联想的方式把事物之间的相似特征联系起来，考虑以便更好地掌握新知识。格式塔学习理论是从整体上出发，评价有机体对事物的感知程度，这个过程也是逐渐向"顿悟"和"整体"趋近的过程。可以说格式塔理论是认知学习理论的开端，之后布鲁纳的学习理论是对它的进一步完善和发展，布鲁纳首次开创了认知发现学习理论。

第二，布鲁纳的认知发现学习理论。布鲁纳是美国当代著名的认知心理学家、教育学家，他不主张以刺激–反应这种联结形式，以及对动物行为进行研究来说明人类学习活动的过程。布鲁纳强调应该在课堂上传授必要的知识结构，以及允许学生自己去发现事实、概念、原理的合理平衡的重要性。他的理论掀起了美国教育改革的高潮。布鲁纳对格式塔理论进行了进一步的完善与发展，从而提出了发现式学习理论。布鲁纳虽然不是第一位提出"发现学习"的人，但是他却使发现学习理论更具有科学性，布鲁纳的发现学习有如下特点：首先，强调内在动机的重要性。在布鲁纳看来，内在动机是学习者的真正动力。具有内在动机的学习者，学习的目的是为了该项学习获得令自己满意的结果，或从学习的过程中获得喜悦感。其次，强调学习的过程。在发现式学习的过程中，学习者是知识的建构者，扮演着积极的角色。教师应为学生创造独立思考的情景让学生去发现、去探索未知的世界。在布鲁纳看来，我们教一门学科，并不是希望学生成为可以充分掌握该门学科的小型图书馆，而是希望他们参与到知识建构的过程中去。因此可以说，学习是一种过程而不是结果。再次，强调直觉思维的重要性。在发现学习的过程中，直觉思维起主要的决定作用。在此过程中构建的假设以及假想主要也是靠直觉思维。直觉思维具有如下特征：一是对不确定情景的感知。直觉思维可以对不确定的客观世界进行内隐式的感知。二是图示的方式占主导。直觉思维可以对事物的整体，通过图示的方式进行感知并且准确地把握。因为对图示的把握可以不受时间、逻辑顺序以及空间的限制，而同时掌控事物的各构成要素。三是非语言过程。直觉思维作为瞬间性思维，是一种深层次的知觉过程，是非言语的直接过程。因此，布鲁纳强调教师应该让学生进行探索式的学习，以帮助学生形成丰富的联想，让学生在做中学习。四是强调信息的提取。在布鲁纳看来，人类记忆的主要问题是提取而不是存储。对于提取信息来说，至关重要的是怎样组织信息，以及了解信息存储的位置和怎样才能提取。

布鲁纳的发现学习理论对我们今天的外语教学有重要的启示作用。首先，在教学方法上应以启迪为主。在布鲁纳看来，以教师为主的教学方式，学生只是被动地接受知识而很难独立地去思考问题，学生也缺乏学习积极性。而启迪式的教学方式可以使师生处于相互配合之下，学生不是静坐在教室里听，而是投入到系统知识的阐释中。学生可以积极、主动地接受新知识，还可以对新知识加以评价。教师在此过程中是引导者、组织者。其次，在教学的整体进程中，教师要积极激发学习者的内在学习动机，使学生了解所从事的学习活动的正确方向，并向这个方向努力。在此过程中，重要的是培养学习者具有正确的情感态度，要对一切事情充满好奇心，要有获取知识的能力以及学习典范的欲望，并愿意进行社会交流。因此，作为英语教师应该把课堂教学与课外延伸活动更好地结合起来，使学生尽可能地浸入到真实的语言环境之中，不断地加强学生学习英语的动力以及综合能力。认知学习理论在从顿悟说过渡到发现说上有了质的飞跃，之后乔姆斯基的语言学习理论的提出也为认知学习理论的充分发展奠定了一定的基础。

第三，语言学习理论。乔姆斯基在其著作《句法结构》中提出了转换生成语法。他认为语言的习得是基于知觉的一种内在能力，他不同意斯金纳的行为主义学习理论，在乔姆斯基看来，语言学习隶属于认知心理学，人类语言中的创造性是生成语法的主要目标。因此，他把研究的重点从变化莫测的语言现象转到了具体的语言习得机制。他提出了两个概念的区分：语言内在能力以及语言实际运用能力，这使得生成语言学的研究对象从句子转移到了语言实际应用能力上，并且进一步阐释了人类为什么会凭借自己对于母语的感知，就知道某句话是否符合句法规则。因此，研究的重点就从研究个人的行为转到了研究人类对于语言的认知能力上。乔姆斯基认为，语言习得并不是学习所致，而是经过自觉演绎而获得的语言能力，即掌握构成某一语言所有话语的基础代码的能力。对于语言的深层语法结构，乔姆斯基认为它可以决定一个句子的意义，因此人类可以创造出无穷无尽的句子来。语言的创造性特点使得语言教师可以充分利用其优势，以及人类的认知规律，指导学生创造出无限符合语法结构的句子。

与行为主义学习理论不同，认知主义学习理论着重强调了人类在刺激与反应之间所建立的联系。这种联系是建立在知觉基础上的深度细化的选择过程。因此人类的学习是复杂的认知过程，涉及到人类对于事物的观察、认知、加工以及综合处理，不同于行为主义的联结过程。认知学习理论应用于外语教学，首先，应该以学习者为中心，因为学习者是认知的主体。乔姆斯基认为人类天生具有语言习得机制，可以自然地习得一种语言并成为学习的主要实施者。其次，语言学习是以理解为前提的有意义的操练过程，语言教师应尽量为学习者创造真实的生活情境，让学习者扮演多重角色来学习外语，强化听说方面的训练，因为情境教学属于有意义的操练，语言的应用极其重要。英语教师要允许学生犯错误，因为学习者在学习过程中是内部语言习得机制在起作用，所以说学生犯错误与自身的认知水平以及语言习得机制的作用程度有关，学习者随着学习程度的加深，其认知程度也会相应地提高，他们的错误自然而然就会减少甚至会消失。首先学习者要感知教学内容，其次教师要指导学习者理解语言知识点，然后学习者经过分析和情景练习来应用语言并形成语言行为，这样学习者就可以形成建构语言知识的能力。所以说认知主义学习理论回答了人类学习的关键问题，即认知与情感之间的关系。

3. 语言学理论

语言学理论是外语教学法的重要理论依据。人们以语言学理论为基础，开展对英语教学方法的理论研究和实践指导。语言学理论之所以能够成为英语教学方法的理论来源，与语言学研究的任务与目标密切相关。语言学主要从不同方面探讨语言的系统、构成、特征等，如理论语言学关注语言的本质，社会语言学关注不同社会环境下语言的特征和功能，而各种具体的语音学、语法学、词汇学则主要关注语言各个要素的规律和彼此间的关系。正是基于上述语言学各个层面的研究，人们不但可以依照对语言的理解，开展针对性的实然教学，还可以以语言学理论为基础，对于外语教学进行应然性探究。历史上不同时期对语言学的不同看法与研究，形成了不同的外语教学法，如以结构主义语言学理论为基础的听说法，以语境语言学理论为基础的情景法，以乔姆斯基的转换生成语法为纲的认知法，以及以建构主义语言学理论为基础的交际教学法等，无不是在不同语言学理论影响下建立起来的。外语教学法主要从语言的三个方面获取理论依据：一是语言的结构；二是语言的功能或运用；三是语言的习得或学得。

从语言的结构来看，结构主义语言学认为，语言是一个完整的符号系统，具有分层次的形式结构。对这些形式结构的精确研究有助于外语的学习。同时，英汉对比不仅能肯定母语在外语教学中的地位，而且能够突出含有母语文化与外语文化的跨文化理论，对外语学习的影响，有利于汉语环境下外语学习者获得一种文化认同，并进而培养英语思维的习惯。英语教学法部分的吸纳了结构主义和英汉对比理论的部分观点，强调从英语本身的结构层次来理解语言，并以英汉两种语言的异同作为外语教学的一个参考指数，如十六字外语教学法强调结构看待，在教学中要辩证看待英汉语言的差异；英语三位一体教学法通过将英语按照结构分类进行教学。从语言的功能或运用来看，一定程度上语言的功能决定语言的形式，语言的社会功能意义重于语言的先天结构意义。功能语言学理论强调语言的本质是意义，语言的本质功能是社会交际功能。

4. 行为主义学习理论

行为主义学习理论又叫做刺激反应理论，主要研究可被观察以及可被测量的行为。刺激反应理论是由约翰·华生提出，并且在 20 世纪 50 年代的初、中期达到了鼎盛。这种学习理论在美国盛行了大半个世纪，在世界上也居于主导地位。斯金纳在其主要著作《言语行为》一书中对操作性条件反射机制的介绍，使行为主义学习理论得到了飞跃式的发展。在这部著作中，斯金纳系统地介绍了操作性条件反射的运转原则，并提出了操作之后的强化。刺激、反应以及强化是行为主义学习理论的基本思想，行为主义学习理论主要由桑代克的试误理论、巴甫洛夫的条件反射理论和斯金纳的操作学习理论组成。以上的理论在学术界合称为联结学说。

桑代克的试误学习理论是通过对动物的一系列实验（比如饿猫迷笼实验等）提出的。他的研究表明了小猫通过不断地尝试错误，最终顺利学会了打开迷笼的动作，这就说明了小猫的学习过程，是通过对刺激情境与正确反应之间形成联结来实现的。虽然这种行为是通过机械地反复尝试而完成的，不需要任何思维上的推理与顿悟，但是人是由动物进化而来，尽管人的学习方式要比动物复杂，人和动物在学习和结果上应该存在相似度。因此，桑代克基于此提出了学习成功的条件，即三大定律：准备律、练习律以及效果律。对于准备律，桑代克把学习者在学习初的预备定势叫做准备律。在刺激与反应进行联结时，联结给予就会让学习者达到满意的程度，相反就会引起学习者的烦恼情绪。对于练习律，桑代克认为学习是反复练习的过程，在这个过程中对联结的使用，会增强这个联结的力量，这又叫做应用律；反之会减弱联结的力量而最后使之失用，这又叫做失用律。而效果律是指一个动作之后，紧随它的情景的满意程度。满意后的行为就会被加强，反之就会被削弱或是被淘汰。但是后来，桑代克发现，惩罚并不一定具有削弱联结的可能性。于是，他取消了效果律中消极的部分，并且认为只有把练习以及练习后的反馈联结起来才会有进步的产生。

综上所述，桑代克认为在尝试错误的过程中，学习是通过在刺激和反应之间建立联结而形成的。在这一过程中，错误的反应不断减少，正确的反应最终确定。按照试误说理论，外语学习就是通过不断尝试错误而最终克服语言上错误的过程。不断地试误的过程，以及心理上敢于尝试错误的决心，是学好外语的必要条件。从心理学的角度来讲，尝试错误是走向成功的必经之路，因此学生要具有学习外语的强大毅力以及决心，这样才能真正意义上的掌握学习语言的技能。从活动条件上来讲，一种新的语言项目是通过不断地尝试错误而获得的。因此，学习过程也是不断归纳总结的过程，正如记忆的过程是识记、保持以及回忆的过程。尝试错误的外语学习过程，即回忆相关外语知识→寻求言语表达的方法→尝试外语技能→纠正不恰当的语言意识与行为→正确掌握外语技能。

巴甫洛夫的主要贡献是提出了高级神经活动说，他认为大脑的两个半球的构造以及功能、脑皮层的兴奋以及抑制，还有第一、第二信号系统之间都是相互联系的。在这里，学习的本质就是对第二信号系统建立相应的条件反射。他把非任意的刺激当作一种中性刺激。从某种程度上来说，条件反射学习理论对外语学习具有重要的启示：学习者是如何通过外部的刺激或是影响而在语言行为上发生变化的。外语学习的实质就是建立外语反射系统，即通过高密度的关联刺激信号而建立起人脑对英语的瞬时反射。外语学习是旧知识与新知识之间的联想，所以我们英语教师应充分重视以旧引新，在新旧之间建立联系，用已经掌握的情景和知识来作为诱发刺激物用来刺激学生大脑皮层，从而达到让其掌握新知识的目的。比如我们在讲授某一单词时，可以以视听的方式让学生来感知这一单词的读音，这个过程是一种中性刺激，然后把音译结合起来，可以通过相应的实物或者是情境来再现。再现的过程即为诱发性刺激，经过多次这样的反复练习之后，即使在没有诱发刺激物的情况下，学生在视听这一单词之后，立刻能产生相应的联想，最后获得理想的学习效果：既获得与诱发刺激物相同的结果。

美国现代行为主义心理学派的代表斯金纳，他的操作性条件学习理论是联结学说的第三种理论。斯金纳继续深化了巴甫洛夫和桑代克的研究，并且提出了操作性条件反射的定律。斯金纳最著名的实验装置就是，其在世纪 30 年代发明的"斯金纳箱"，它被世界各国的心理学家以及生物学家广泛使用。在斯金纳箱内放置一个操纵杆，这一操纵杆与一提供食物的装置相连接。这时饱受饥饿的小白鼠偶然间触碰了操纵杆，提供食物的装置就会落下一粒食物。斯金纳认为动物是偶然间触碰到操纵杆的，小白鼠经过这样多次的不断触碰操纵杆尝试后，就学会了使用操纵杆来取得食物，这样就把操纵杠杆当成了获取食物的工具或手段。所以，斯金纳强调了操作之后的强化，强化这一过程改变了学习的主要动力因素，起先斯金纳通过按动操纵杆来实现反应性操作，其次通过落下食物这一过程来增强刺激性强化。因此，这一学习理论也叫做操纵性条件反射。在斯金纳看来，操纵式学习更接近于人的学习行为，教学的实质是纠正学习者学习行为的过程。教学过程中很可能发生与教师期望值相吻合或相背离的学习行为，这时可以求助于奖赏和惩罚这两种杠杆来予以调节。教学最后看重的是学习结果，因此教师的主要目标就是，为学习者提供适时的强化，塑造学生的行为，这样学生就会从中学会进行自我内部强化，而且强化要具有即时性，否则强化就会消退。在斯金纳看来，强化分为积极强化以及消极强化。积极强化指的是对环境中加强某种刺激，如果有机体的反应概率加强，则这种刺激为积极强化或者是正强化。就像实验中饱受饥饿之苦的小白鼠在按动操纵杆时给予其食物，食物在这里便是正强化物。相反，当对环境中的某种刺激予以减弱，如果有机体的反应概率相应减小，这种刺激即为消极强化或者是负强化。比如当小白鼠触碰杆时对其停止供食，停止供食就是消极强化。斯金纳的观点是：对学习者的学习行为进行适当的鼓励可促进学习者学习习惯的形成，相反对其加以惩罚会帮助学习者进行学习行为上的转变，但是这并不是理想的教学方法，因为这样会导致一定的负面效果。

简而言之，在斯金纳看来，积极的强化以及消极的强化对于行为的形成都发挥着至关重要的作用。桑代克是基于实验从而提出了"试误理论"，认为学习的过程是基于不断反复地尝试直到成功的过程；巴普洛夫通过实验证明了动物的操纵性条件反射的行为，并且也证明了动物的行为是由环境的刺激引起的，进而将刺激信号传入到神经以及大脑，最后神经和大脑做出相应的反应。这样有条件或者是无条件的刺激都会产生某种相应的联结从而获得学习效果。斯金纳的主要贡献就是指出在刺激反应之后要进行即时的强化，并且探讨了正面强化与负面强化对学习产生的影响。行为主义学习理论着重强调的是学习中的环境以及条件因素，环境以及条件因素要具有适当性、充裕性以及尝试性。适当性指的是条件以及环境这两种因素要与某种行为相吻合；充裕性指的是学习过程中的环境因素以及条件因素要充分且要完整真实，充分吻合学习过程中所需的相应条件。正如斯金纳的实验那样，正因为杠杆这种环境以及条件因素，动物才会适时地碰到杠杆从而取到食物；尝试性是指，要使某种行为发生，必须克服在此过程中所产生的环境以及条件上的不利因素。结合外语教学，教学活动即是教师与学生之间提供刺激以及接受刺激的相互关系。

五、研究方法与思路

（一）研究方法

伯顿克拉克指出："没有一种研究方法，能揭示一切，宽广的论述必须是多学科的。本研究以教育学、语言学、心理学等学科理论相结合的多理论研究视角，运用了文献法、调查法、案例法、行动研究法等方法研究进行。

第一，文献法，即搜集、整理和分析与研究有关的文献资料，从中选取信息服务于研究的一种方法。可以说，文献法贯穿本研究的始终。由于国外对智慧、智慧教育的研究较多且走在前列，从某种程度上说，对于语言学及语言教学的研究，我国借鉴国外的也较多。所以，本研究通过网络、国外的朋友等收集了大量国外的相关文献，进行研读、分析、整理。当然，针对大学英语教育，则国内丰富的文献为本研究提供了帮助。

第二，调研法，是指通过被调查者以书面或口头方式回答问题，研究人员了解被调查者言行、心理和思想的方法。本研究主要采用了访谈和问卷两种调查方法，主要服务于分析论证大学英语教师的教学状况、学生的大学英语学习情况、大学英语教学的焦点问题等方面。本研究采用了多种访谈的形式：如：个别访谈，与被调查者逐个谈话，集体访谈，以座谈会、教研活动、班会等形式展开访谈。其中包括非正式和正式访谈，有开放式和半开放式访谈。在与大学英语教师的访谈方面，为了扩大调查对象，研究者通过参加大学英语年会，与多名来自全国不同高校的大学英语教师进行了非正式性访谈。也在工作之余走访不同院校的多名大学生，就大学英语的教与学进行了交流，当然，与自己所教的多届学生有针对性地交谈则是常有的事。此外，笔者在本校大学英语教师的教研活动或是校际交流时，都会将研究思考的问题以不同形式提出，多渠道、多角度获取一手资料并及时整理。另外，在兄弟院校和本校的学生中，尤其是笔者任教的各届的学生中做过多次大学英语学习目标、学习态度、学习效果，以及对大学英语教学的意见、建议等正式或非正式的问卷调查。

第三，案例分析法，是认定研究对象中的某一特定对象，加以调查分析，把握其特点及其发展过程的一种研究方法。为了进一步论证目前大学英语教育教学现状，探究如何引导学生智慧生成以及大学英语教师智慧发展，笔者对多类案例进行分析整理，不仅认真阅读了所在学校的大学英语教师的听课记录本、教学后记、学期教学总结，以及抽样阅读了学生的作文、学期自评，也抽样阅读了另外两所一般本科院校的相关材料。观摩了不同院校的二十名大学英语教师的示范课，也走进了本省四所本科院校多名大学英语教师的课堂。

第四，行动研究法，简言之，即研究者将"行动"和"研究"相结合的一种方法。包括"参与、改进、系统、公开"四个主要特点，"计划、行动、观察、反思"是其实践模式中的四个步骤。笔者自从开始比较深入思考大学英语的教育教学以来，关注大学英语教育教学的发展、大学英语教师的理念等，并一直承担大学英语的授课，主持参与教研教改活动，坚持写教学后记，进行教学反思。常常将研究的问题带入教育教学的实践之中，与学生、同事、专家们一起探究原理和方法，商议问题的解决路径，并运用于教育实践，再进行反思整理和总结。如果这是广泛意义上的行动研究的话，本研究也从来没有离开行动研究的方法。

以上的种种研究，不一定在本论文的行文中全部显性地提及，一是囿于笔者水平，二是通过这些研究的整理、分析和反思，许多已经转化为笔者的个人知识，流露于字里行间，但其确确实实是本论文写作的基础或灵感源泉。

（二）研究思路

通过分析古今中外对智慧的重要阐释，基于智慧平衡理论和模型，提出智慧的三要素，即知识、思维、人格，强调个人知识是生成智慧的关键点，人文与和谐是智慧的关键词，智慧教育是智慧生成的途径，并阐释了智慧教育的内涵。在此基础上，提出了大学英语教育"智慧引导"的内涵，并论证了大学英语教育引导学生智慧的功能，以及外界对大学英语教育充分发挥"智慧引导"功能的诉求。提出了引导学生智慧作为大学英语教育的追求，并具体从引导学生的知识习得、思维训练、人格养成三方面探究了大学英语教育"智慧引导"的理论与实践。

本研究分为三个部分。第一部分为第一章，即导论部分。阐述了本研究的研究缘起，研究意义，相关研究，相关概念，以及研究的思路和方法。

第二部分为第二章。论述智慧、智慧教育和"智慧引导"的大学英语教育的内涵，以及大学英语教育引导学生智慧的"能"与"求"，导出"智慧引导"为大学英语教育之追求。本章首先通过对中西方文化中对智慧之解说的简要回顾，提出虽然智慧没有一个确定的解释，但人们一致认为智慧是值得追求的，是更高境界的；其次，从许多有关智慧阐释的文献中，整理出智慧的三要素，即知识、思维、人格。论述了智慧蕴涵人文，智慧彰显和谐的特征。同时提出智慧生成的途径是智慧教育，阐释了智慧教育的内涵，导出了智慧教育的要素，即知识习得、思维训练、人格养成，提出了人文与和谐也是智慧教育的关键词。在此基础上，阐述了引导学生智慧的大学英语教育的内容。然后论述大学英语教育"智慧引导"的功能以及外界对大学英语教育"智慧引导"的诉求。以在理念上让大学英语教师明晰，大学英语教育的丰富内涵及意义。最后，提出了陷入"瓶颈"的大学英语教育的追求是：引导学生的智慧生成。

第三部分包括第三、四、五章。本部分基于对智慧与智慧教育和"智慧引导"的大学英语教育的阐释以及对大学英语教学现状问题的剖析，探究如何进行智慧教育，即如何引导学生的智慧。分别从指导学生知识习得、设计学生思维训练和引领学生人格养成三个方面进行论述。

第三章首先论述了大学英语教育要带给学生什么知识，主要基于智慧教育和语言学习理论，以及语言和思维、文化的关联，提出外语习得与目的语国家文化的不可分割性，语言与文化并重，才能达到大学英语教育内容的和谐。其次论述了关注个人知识生成的习得指导，从对专念意识的阐释及其培养，对"学生中心"理念的重新解读，展开体现学生"自主、体验、反思、个人知识获得"等关键词的指导方式。最后提出了习得目标—跨文化交流。只有这样，才能切实完善学生的知识结构，提高学生的英语能力，引导学生的智慧发展。

第四章结合张楚廷先生的英语教学方案和大学英语教与学的特点，提出大学英语教育尤其要引导学生的兴趣，发展学生的质疑、直觉和隐喻能力。因为兴趣是所有行动的"引子"，所以，在该章提到了兴趣的激发和保持要贯穿始终。质疑是创造性思维的方法和手段，质疑导致智慧的生成，直觉又是智慧的一部分，语感是非常重要的一种直觉，对语言学习举足轻重；隐喻既是一种修辞手法，又是一种认知和思维方式，英语中含有丰富的隐喻。直觉和隐喻是外语学习不可或缺的思维和能力，也是外语教与学最能发展的思维和能力。所以，本章提出了对学生兴趣的激发、质疑的鼓励、直觉和隐喻的发展，要贯穿大学英语教育的全过程。

第五章本章从当前大学英语教学中，对学生人格养成的浅化和误解之一现状出发，阐述了大学英语教育中，学生人格养成的主要关注点。之后阐释了两个问题，第一，文化视角语境中的人格关注：明晰文化态度和引导翻译伦理；第二，基于大学英语教师的人格引导：开发多元信息，创设人文与和谐，提升教师自身智慧。英语知识的学习促进人的发展，思维的不断发展和人格的逐渐养成，将学生引向智慧，无疑会作用于学生对英语这门语言的真正掌握。由此看来，引导学生智慧生成的教育，不仅让学生更加智慧，而且当下教师的迷惘和"费时低效"的大学英语现状也会迎刃而解。

第二章 智慧引导：大学英语教育的内在功能

一、智慧与智慧引导

（一）何为智慧

在词典及学界研究中，智慧也有独特的释义。"智慧"一词在《辞海》中是指"对事物认识、辨析、判断处理和发明创造的能力"。《现代汉语词典》中的解释是"辨析判断、发明创造的能力"。《韦伯斯特新世界词典》这样解释智慧："基于知识、经验、理解等的正确判断和采取最佳行动的能力。"《牛津高阶英汉双解词典》对智慧一词的解释：是一种对于有关人生和行为的问题能够作出正确判断的能力；在目标与手段的选择中表现出判断的公正合理；对于什么是适宜的能够做出真实判断，并有意采取相应的行动；具有感知和采用最佳方法和途径去实现目标的能力；其主要特点是"审慎、认知判断能力强"。

智慧是一个很难界定的词汇。古今中外，对智慧的阐释没有一个定论。词典、学界对智慧不同的解说都有其一定的特色和侧重点，但都未能呈现一个完美的对智慧的释义。如果要比较清晰地认识"智慧"，需要对其做进一步的梳理，把握其要素和关键词才能够加深我们对智慧的理解。

（二）智慧的构成要素

思维、知识及人格是智慧的构成要素。知识和思维简明易懂，而"人格"一词有时会令人产生歧义。此处的"人格"既具有心理学上人格的一般意义，更指向伦理学意义上的"人格"，即人的修养品质。人们普遍认为成功之人一定是有智之人，但有智之人不一定是成功之人；而造成有智之人成功的主要因素就是修养品质。孔子也有言："知及之，仁不能守之，虽得之，必失之。意思是说凭借聪明才智足以得到它，却不能以仁德保持它，即使得到，也一定会丧失。智慧高于知识、思维和人格，但是智慧离不开知识、思维与人格。可以说，知识是智慧生成的土壤，思维是智慧生成的雨露，人格是智慧生成的空气。许多对智慧的论述从不同的侧面强调了知识、思维、人格三者与智慧的关联和意义。

洛克指出："智慧使得一个人能干并有远见，能很好地处理他的事务，并对事务专心致志。"洛克还把近代的绅士教育归结为德行、智慧、礼仪和学问四件事，其中智慧最为重要。怀特海说"智慧是掌握知识的方式。它涉及知识的处理，确定有关问题时对知识的选择，以及运用知识使我们的直觉经验更有价值。这种对知识的掌握便是慧，是可以获得的最本质的自由。"怀特海指出，在古代学校里，哲学家们希望引导和发展智慧，而不是传授零碎的知识。亚里士多德认为，智慧就是有关某些原理与原因的知识。亚里士多德将智慧分为形上智慧与实践智慧，并着重强调实践智慧。亚里士多德认为，理论把握事物的原因和原理，求知普遍性和必然性，进而与永恒的神性相契合。而"实践"是与实现人类的"善"这一目的联系在一起的。亚里士多德的"实践"，重在强调人的道德行为，与我们通常所指的实践意义相比，含义要狭窄得多。苏格拉底认为，所有的德性都是实践智慧的形式。而在亚里士多德看来，只有实践智慧才能使人具有真正的德性，而一个没有德性的人是不可能具有实践智慧的，德性与实践智慧没有先后之别，彼此包含而又互为条件，是密不可分的。

从以上论述中可知，智慧的人不仅要具备相当的知识和好的思维，还一定有着高尚的人格，通俗地说，要具备良好的品质。在对组成智慧的元素归类中，进一步说明了这一点。通过对相关研究的分析总结，可以将组成智慧的元素进行归类，即以下四类：第一类：专念（思维理论）。智力创造认知风格反思；判断情感推理；真实心理分辨。第二类：渊博（知识与技能）。生命事实性和程序性的知识；毕生整体全局观，即关于人生背景及其时间发展关系的知识经验，对经验的开放性；问题解决、计划以及做决定的能力。第三类：人类问题的处理（问题处理）。理解人的本性重新认识并回应人的有限性认识与处理，社会理解与相互作用（社交智能）处理生活实际。第四类：品质（价值体系，基于道德理性建构的人格）。正直、守信诚实、可信、诚挚、言行一致、负责、勇气（胆量）、公平（公正）、自制（坚忍、忍耐、约束、自我调节）、慈善（人道）、正义（公正、正直）、忏悔、谦虚、谨慎、尊重理解。从以上分类看，智慧既包含了基于整体感知、直觉把握形成的知性智慧，基于理论思考、规律认识形成的理性智慧，基于职业感、道德感、人际交往形成的情感智慧。也包含了基于个体经验积累、实践感悟与反思形成的实践智慧。简而言之，智慧需要在"理解真知""确判断""恰当实施"中得以生成和体现，其相对应的概括起来即是知识、思维和人格。

（三）智慧的核心理念

关于一个事物或事件，从不同的视角考察，提炼出来的关键词会不一样。如果要对智慧的整体精神和状态进行描述，则人文与和谐是其最基本的关键词。

1. 智慧蕴涵人文

"人文"在《现代汉语词典》中的解释为"人类社会的各种文化现象"。《辞海》中的解释是：旧指诗书礼乐等。《易经》贲卦的象释上讲从词的构成来看，"人文"是偏正词组，核心是"人"，百度百科这样描述人文："其集中体现是，重视人，尊重人，关心人，爱护人。简而言之人文，即重视人的文化。"人文，首先是一种思想、一种观念，是以人为本的思想，是对生命关爱的情怀。在对智慧的多数重要阐释里，都显性或隐性地传递着人文。从对智慧要素的归类中，尤其是第三和第四类凸显了智慧元素的丰富人文内涵。智慧必蕴含人文，没有人文滋养，就无所谓智慧。智慧关注人文，和提出：智慧是人类最重要的积极人格特质之一，是实现美好生活的重要资源，是建构幸福人生的关键因素，它为人生中诸如怎样获得有意义和幸福的生活等问题提供洞察与指导。说"智慧能够将我们导向幸福人生。""通过智慧，我们发现每一个人通往幸福人生的许多路径。"简言之，智慧关涉人的幸福。智慧的人一定是幸福的，而缺乏智慧的人，即便有再好的智力、再渊博的知识，也难以获得真正的幸福。另外，从对知识与智慧二者区别的理解中，也不难看出智慧的人文性。如：知识关心的是研究的客体及其性质。认知就是要明白研究的客体到底是什么。不管知识有多伟大，它能够进行屠杀。它可以使新知识夭折，甚至能够导致暴力。说，"毫无疑问，当前的整个人类处于道德危机之中，是因为我们不懂科技，而是因为我们缺乏智慧，破坏性地运用了科技。"我们作为人类、作为教师的力量就在于要认识到我们人类自身的局限性。智慧包含着承认自己的弱点："智慧与虚弱紧密相联。"知识源于世俗的思想，而智慧则置于灵魂的天堂。知识位于世俗的科学、逻辑与理性之中，而智慧则存身于人文思想、美学与伦理道德之中。

2. 智慧彰显和谐

和谐是"一致、协调、美"，一般来讲，和谐指的是一种配合适当、协调的状态，它与多元、宽容、和平、开放、发展等一组概念有着"本源"关系。辩证唯物主义和谐观的基本观点是，和谐是对立事物之间辩证的统一，是不同事物之间相辅相成、相同相成、相反相成、互助合作、互利互惠、互促互补、共同发展的关系。因此，和谐也就成为宇宙和社会存在与发展的理想状态。中国古代有"和""谐和""和而不同"的哲学思想。中国的和合哲学，"和"是指异质因素的共处，"合"指异质因素的融会贯通。智慧在总体上是一个难以言说的概念，这是因为智慧本身具有的有机性、整体性。虽然我们可以分析出智慧的多种特征，但其所表现的只是智慧的一种静态结构（或是要素），而智慧各种要素之间关系的那种巧妙契合才真正展开了智慧的深刻与神奇。美国著名心理学家斯滕伯格从20世纪80年代开始就致力于研究智慧，其提出的智慧平衡理论颇受众人关注。智慧平衡论内涵是这样的：以"共同利益"获得为目标，在价值观的调节下，运用智力、创造力和知识，平衡多方面的利益，包括个人的、人际的以及人与环境的短期和长期的利益，从而更好地适应环境、改造环境、或选择新的环境。也就是说，智慧涉及个人自身、人际关系以及人与环境，适应、改变与重新选择之间的平衡。明确强调智慧的首要特征是"平衡"即通过平衡个人内部、人际间和个人外部的利益，从而在适应环境、塑造环境和选择环境三者中取得平衡，以获取公共利益的过程（亦即达到一种"共赢"）；并且，这种"平衡"的要义是：个体要善于根据具体情境而采取恰当的行为方式。这就说明"平衡"里有实有协调和谐的思想，与《中庸》里所说的"君子而时中"的思想也是相通的。可以看出，人们首先需要具备相应的知识、良好的思维，也只有人们将智力、创造力和知识运用于不仅为个人利益，而且也为他人及所在生态世界的利益时，才是智慧的，那就是说，高尚的人格对于一个智慧的人来说是不可或缺的。可以说，只有知识、思维、人格达到了一种和谐，才可谓智慧。

（四）智慧教育能够促进智慧的形成

罗素说过，在教育中，每一个人皆有智慧的潜质。智慧教育是引导人智慧生成的教育。此处的教育是最广泛意义上的"教育"，从受教育的不同环境来看，包括学校教育、家庭教育、社会教育。从另外的一些视角来分，既指师长或其他人的教育，也包括自我教育；包括正式的教育，也包括非正式的教育等。总之，不论教育的时空或对象，智慧教育是引导人们智慧生成的有效途径。

1. 知识教学与智慧教育

关于教学与教育，教育家张楚廷先生说过，大学里，的教育蕴含于教学之中。就学校范围而言，教学与教育的含义差别不大，这两个概念的外延接近（或相近），但这一结论是有条件的，这个条件就在于我们如何理解教学。如果我们把教学的实际任务仅理解为传授知识，那么上面的结论并不成立；若教学再加上智力培养，教学与教育的含义也还相距较远，还需把心力培育加进去，并将这一任务在教学活动中实现，那么教学和教育就区别不大了。张先生这里的"心力"培养，应该是包括非认知心理的培养和价值观的引导。张先生对教学的定义，其实，已经接近"智慧教育"的内容了。知识是智慧的土壤，要发展智慧，一定离不开知识教学。但是，仅有知识教学，不足以使人智慧。而且，知识必须转化为个人知识，才有可能促进智慧的发展。关注个人知识的教育，才能使知识充满活力，教育才是在"活化"知识这是智慧教育的基本关注点。然而，现在很多的教学只停留在传授知识，而且是"狭义"的知识（如，教材上的知识点，考试的考点），知识教学内容的选择通常带着功利性，自然也略显贫瘠和庸俗；知识教学中教的方法更多是一种"传授"，学的方法更多是一种全盘接受后的记忆和背诵；知识教学中教和学最直接的目标是通过各种考试。这样的知识教学不利于学生"个人知识的发展，难以让学生转识成智，更不利于引导学生智慧的生成。

斯滕伯格描述了当今的一种普遍现象：人越来越聪明，却越来越愚蠢相对于智慧。有心理学家研究表明，最近三十年，人们的智商每十年平均提高三个百分点，也就是说，如果以三十年为一代人的话，每一代人的智商较前一代人高出九个百分点。但是，社会却越来越不和谐，人们的行为普遍显现出"利己"倾向。所以教育不仅要关注学生知识的习得，还应关注更多其他的方面。从斯滕伯格的智慧结构图，也可看出，其强调问题处理能力以及品质，尤其需具备平衡多方利益的品质，不能仅考虑个人或一小部分人的利益。怀特海提出，教育的全部目的就是使人具有活跃的智慧。智慧教育是促进"个人知识发展的教育，是引导学生智慧生成的教育，是关注人文与和谐的教育，是指向学生幸福生活的教育。智慧教育不是灌输所谓的智慧理论和信息，而是通过引导学生的知识习得、思维训练和人格养成，使其生成智慧。即引导学生处理分析资料，内化信息，在建构和探索、体验和互动中生成个人知识，完善知识结构，重组心理过程，提升思维能力，智慧在"理解真知、正确判断和恰当实施"的过程中得以生成和体现。从而让学生善于吸收知识、善于运用和扩展知识；善于思维；善于"从善"。也就是说，学生不仅要知道，而且要善于知道，并善于从事所知内容，比如，"善于从善"就是不仅要知道善，且还要从善"，关于智慧使人通向幸福生活的论述中有这样一段话，"从某个方面进一步说明了此意，对教育的追求，意味着人们对幸福生活的追求，而仅仅是专业知识和训练不足以让人过上美好生活，教育程度最好的人不一定最有智慧。知识帮助人们获得有关幸福人生的想法和建议，知晓如何追求并帮助他人追求幸福生活，但这并不一定付诸于他们自身的行动之中"。

2. 智慧教育的"四阶段"和"三要素"

用模型表示了资料、信息、知识、智力、智慧五元素的关系，以及从资料到智慧的路径和条件。使我们能从中理出智慧教育的关键点及其基本元素。我们不仅能进一步清楚智慧的内涵，而且，通过认识智慧与资料、信息、知识、智力的区别和联系，我们能对智慧的生成有所把握。资料、信息（知道"是什么"）、知识（知道"如何"）、智慧（知道"为什么"）。许多人知道"做什么"，相当一部分专业人士知道"如何做"，但只有智慧的人才知道为什么能做，或不能做。资料通过处理和分析成为信息，信息被内化后成为知识，尤其是个人知识，以个人知识为主要力量的知识重组的心理过程，使智力提升。然后，智慧在"懂得真知、正确判断与恰当实施"的基础上得以生成。结合当下的教育，可以思考，我们究竟在多大程度上引导了学生的智慧生成，以及可以从哪些方面，如何引导学生的智慧，当前的普遍问题是什么，以及如何引导。反思我们的大学英语教学，离智慧教育中的智慧还差距甚远。

学生智慧生成的四阶段，也可以视为智慧教育的路径。即指导学生处理、分析资料，把握信息；内化信息，形成知识（个人知识）；重构心理过程，提升智能；引导学生的善美，生成智慧。当前的教学，普遍停留在第一阶段。英国的语言教育家提出，学生外语学习的三个环节，即，认知、建构系统、探索三环节，与该教育路径也有共同点。我们将这四个阶段的具体内容归结为智慧教育的三个基本要素，即知识习得、思维训练和人格养成。具体教育中，如何落实"四阶段"和把握"三要素"，整体来说，首先，需要指导学生处理、分析，不仅来自教材的，同时来自网络、学习生活环境中的林林总总的资料，必要时帮助学生进行补充、选择、整合，让学生把握住重要信息；其次，引导学生内化信息，将信息转化成"活的知识"，而非"惰性知识"的累积，可以说，"惰性知识"在一定程度上还只是信息。只有"活的知识"才会发生自主的心理过程重构，从而使智能得以提升。面对变聪明了的学生，教师更要重视引导其"理解真知、正确判断、恰当实施"，以达到智慧的境界。这里之所以梳理出"四阶段""三要素"，目的是希望明晰智慧教育必须包括这些最基本的阶段和要素，以期对实践更具指导性。但是，在具体的教育教学中，这些阶段、要素都不是彼此孤立的，不一定是严格按顺序出现的，而是和谐融合的。也就是说，在同一时间，可能发生不同阶段的行为，或者在同一时间里，同时进行着知识的习得、思维的训练和人格的提升等等。结合四阶段和三要素，可以归纳地说，智慧教育就是要引导学生善于吸收知识，善于运用和扩展知识；善于思维；善于"从善"。人文与和谐是"智慧"的两个关键词，也是"智慧教育"的两个关键词。智慧教育一定是人文与和谐的。缺乏人文与和谐的教育，也无所谓智慧教育。智慧本身是人文的、和谐的。引领智慧生成的教育也应该是人文与和谐的。

智慧教育的出发点是人的提升，其根基是人文关怀。关注学生智慧生成的教育，就是对学生个体关注的教育，是将对人的关注贯穿于整个过程的教育。智慧教育是以人的和谐发展为目标的教育，指向学生的素质的整体提高与和谐人格的建构。智慧超于知识、思维、智性。教育中不仅要给学生智性智慧，还要开启学生的理性智慧和道德智慧，教学需要引导善和美。智性智慧需要全面启动思维和认知，加之以理性智慧就还需要体验，需要情感、态度、信念等的共同启动。教师要引导学生体验、体验引导学生追求、追求引导学生超越自我。理性智慧、德性智慧与智性智慧不能相互取代，三者和谐融合才能达到最佳的效果。

二、智慧引导与大学英语教育

本节首先阐释大学英语教育"智慧引导"的内涵。然后论述大学英语与智慧引导之间的关联，即通过分析语言及语言教学的本质及其对人的发展的影响，针对人们认为大学英语只需要重视其工具意义的普遍观点，与在具体实践中一直存在的单一知识教学的现实，论述大学英语的智慧教育功能，以及外界对大学英语教育智慧的诉求；以在理念上明晰大学英语教育。

（一）智慧引导的内涵

根据智慧教育的三要素，具有"智慧引导"功能的大学英语教育，具体是通过指导学生的知识习得、思维训练、和人格养成，引导学生善于学习（关注学习，善于获取知识和掌握技能），善于运用和扩展知识（关注个人知识生成）；善于思维，基于英语语言的习得特点和大学英语教育现状，大学英语需着重激发学生的学习兴趣，培养学生的质疑意识，发展学生的直觉（语感）和隐喻能力；而善于"从善"，主要是引导学生在不同文化交流语境中的文化态度和日常生活中的待人处事。因为外语学习的显性且直接的目的是文化交流（有声或无声的交流）。引导学生善于吸收语言、交流知识，并善于运用和扩展知识，发展文化交流中的思维能力，提升文化语境下的道德品格，是大学英语教育"引导学生智慧生成"的关键点。在大学英语教育教学的全过程中，关注智慧教育的两个关键词"人文"与"和谐"也是不可或缺的。

大学英语教育重点要关注以下几方面的和谐：大学英语的教育目标、教育内容、教育方式之间的和谐，而且还有结构中各要素内部的和谐。如，教育的终极目标指向学生的和谐发展；具体标：学生语言综合能力的提高，人文素养的加深，文化传递意识与能力的加强，跨文化交流能力的提升，思维方式的优化，自主学习能力与合作学习意识的增强等；相应的教育内容就是既要有认知因素方面的内容，又要包含显性或隐性的引导点拨学生非认知的元素；教育方式要为实现教育目标而设。如果教育内容仅限于四、六级的考试技巧，或仅仅在于语言知识的教与学，教育方式缺乏交流，缺乏对学生思维的开启，与教育目标是不和谐的。而这却是目前的大学英语教育现实。要素内部的和谐，如：教育内容语言是文化的载体，语言的教与学，要善于发现字里行间蕴含的深刻文化；语言的教学目标是指向交流的，包括无声的和有声的交流，那就需要培养学生的跨文化交流素养。所以，在教育内容上，语言、文化、交流是和谐的整体，缺失了一项，也会失去语言教育的和谐。而当前的教学，更多的是纯语言知识的教与学。大学英语的教育内容要与高中英语顺接。有学者调研后发现，大学英语重点讲解的语言点与高中有的语言点是重复的。这无疑是一种不和谐。既然高中英语已经完成了基础英语的教育教学，基础英语就不是大学英语教育内容的重点，大学英语的教育内容主要是：指导学生英语语言综合应用能力的提升和专业英语的学习；提升学生的人文素养；促进学生的中西方文化传递意识和能力；培育学生的跨文化交流素养与外面环境的和谐。全球化背景、信息时代，英语载体所载的书籍、报刊、影视、信息比比皆是，学生拥有丰富的学习资源和途径，对这些资源和途径恰到好处地整合利用，也是大学英语教育的一个重要部分。学生能够借助这些资源和途径轻松掌握内容，若在课堂上用过多的时间，会导致教育的低效，学生易产生乏味感，也会让学生产生依赖心理，难以激发学生自主学习的热情，老师带入课堂的问题，应该是难以从网上查到现成答案的，需要在教师的引导下集体探讨、批判、考究。只有将大学英语学习的内涵引向更加深刻和丰富的教育，大学英语教育才能保持与信息时代背景下学生需求的和谐。

（二）大学英语教育的智慧引导功能

当前相当一部分人的观点是，大学英语教学的任务，就是让学生学习掌握英语这门工具，其实质就是主张狭义的英语语言知识的教学。同时认为，英语的学习，也只能让学生学习一种工具。持这种观点的人们，实在是轻视了语言教与学的作用。其实，师生在语言的教与学中，能感悟无穷的智慧，好的英语教学能够将学生和老师逐渐引向智慧。

1. 语言及语言教育的本质

"语言并不是人的一种工具，而是人自己的存在方式；人是一种历史文化的存在，语言则是储存历史文化的'水库'"《哲学通论》孙正聿。索绪尔说，没有语言，思维永远是模糊的云。胡塞尔认为语言是使认识成为可能的先验性条件；海德格尔认为语言是存在的住所；伽达默尔认为人类拥有世界的唯一方式就是语言。这些哲人的判断，似乎表明了语言的工具性质，其实，这些判断的蕴含远远超越了语言的工具性意义。把语言只看作是一门工具的观点越来越受到学界的质疑。语言中深藏着人的感悟、灵性、风格和精神，蕴含着人的无穷智慧，语言就是人的存在。一个人语言的发展和丰富，意味着这个人的发展和丰富。多熟悉一种语言，就多熟悉一个民族，多感悟一种文化，多掌握一种思维方式。语言学习可以丰富人的生命内容，调节人的生命活动。当海伦凯勒突然发现每件事物都有其名称，并由此发现了语言时，她的生活因此而改变了。语言的习得不但极大地促进了海伦的智力发展，而且还促进了她的情感生活。她的整个人格都变了；她与她自己和周围的人和事物建立了一种新的、更为成熟的关系。学生在学习语言时，似乎是在学习掌握一种工具，可意义远非如此。学生学习一门语言的过程，是确立自己的真实存在的过程，是让更多样的世界呈现在自己面前并让自己进入这个世界的过程。语言运用是社会、文化的延伸，而不仅是语音、句法、语用。信息化与全球化背景下的文化碰撞、文化融合、文化多元是大学英语教育的直接源泉和动力。语言教和学的意义已经超出了语言知识学习和讲授的本身。丰富的语言及语言教学的人文内涵，是智慧教育的重要养分。

2. 大学英语教育丰富高校的人文教育

人文，首先是一种思想、一种观念，是"以人为本"的思想，是对生命的关爱。人文教育即人的教育。人文教育以人本身为直接目的。人文教育是赋予人以人的精神的教育，是使人维护和发展自由的教育，是使人成为自由人的教育，是使人更智慧的教育石中英先生指出：人文教育的目标在于唤醒在学生身上的"人文需要"，向他们传递一定的"人文知识"，培养他们对于自己、他人以及环境的"人文理解"与"人文关怀"意识和能力，促使他们树立高尚的"人文理解"和"人文信念"，从而成为一个真正的人。人文教育是引导学生智慧生成不可或缺的内容。语言学是人文科学，外语教育属于人文学科。《哲学大辞典》对"人文科学"作了这样的解说：人文科学源于拉丁文，意为人性、教养。

起源于古罗马西塞罗提出的培养雄辩家的教育纲领，后转变为基础教育，包括数学、语言学、历史、哲学和其他学科。文艺复兴时期，广义指与神学相对立的研究世俗文化的学问，主要研究语法、修辞、诗学、历史与道德；狭义指希腊语言、拉丁语言研究与古典文学的研究。《中国大百科全书》对"人文科学"的注释为：人文科学是研究人类的信仰、情感、道德和美感等的各门科学的总称。包括语言学、文学、哲学、考古学、艺术学。《辞海》将语言学列入人文科学，外语教育理当属于人文学科，进行人文教育。

作为人文教育的大学英语，有其丰富的内涵。大学英语教育不仅仅是英语语言知识的传授和语言技能的训练，更是中西方文化的交融和传递，多学一门语言，就多置身于一种文化。语言的学习直接指向交流，对学生跨文化交流能力的关注自然成了大学英语教育的使命。语言的学习同时指向人的发展，即指向学生的心理发展，心理发展又包括认知心理和非认知心理的发展。关注人文的大学英语，即以人文为导向的大学英语，其过程是关注人、尊重人，其终极目标是指向人的发展的。人文引领的大学英语教育，向学生提供的是人生启示，这启示，可能包含了对自然的亲近，可能包含了对社会对他人的责任，包含了对异域文化或个体文化的理解、尊重和包容，包含了语言学习的精神、毅力、思维和策略。关于大学英语中的人文教育，笔者听到过不少这样的质疑：大学英语就是要让学生掌握英语这门工具，人文教育需要用外语吗？通过中文效果快得多。持这种想法的人，至少可以说，对人文教育的理解是不全面的。人文教育不仅仅是人文知识的传授和学习本身，更重要的是个人的体验、感悟、内化、升华，人文信仰和精神是在一个又一个历程中凝练的，人文习惯和精神的养成才是人文教育的目的所在。正如哲学的教与学，不仅仅是哲学知识本身，更重要的是哲学精神、哲学的思维过程，是对哲学家们发现问题和对问题思考、解决等过程的把握。

"通过外语习得过程、感悟生成的人文，与通过母语感悟生成的人文，有相通之处，更有相异之点。比如，在外语习得过程中体验、感悟自身，以及体验、感悟外在的文化、思维、策略、精神与通过母语途径所感悟的是不一样的。"说这句话的外语习得者，一定是在经历外语学习的苦与乐，失败与成功，泪水与欢笑，在对外语习得有了更深和更全面的认识之后升华的心声和思想这些，一定是其精神中的一笔厚重财富。

学生们在外语学习过程中，对异域文化有一个从惊诧、认知，到理解、包容和尊重的过程，智慧引导学生对异域文化的认知、理解、欣赏和包容，会培养学生对生活中不同群体或个人文化的理解和包容。学生们在英语学习过程中创新的理念、发展的思维、培养的直觉、形成的习惯、感悟的策略、精神和品质等，一定会影响学生其他课程的学习，影响到他的整个生命。

3. 大学英语教育促进学生的和谐发展

古今中外许多学者提出了，语言及语言习得与人的发展有着密切的关系。美国语言学家萨皮尔及其弟子沃尔夫提出的语言与思维关系的假说，虽然该理论争议很大，但极深地影响了一系列人文学科。萨皮尔沃尔夫假说的一个内容是：语言结构有无限多样性，一种语言系统中所编定的范畴类别和区分定义与其他语言系统中的不同，是这种语言系统独有的，即语言反映思维、态度和信念等。语言不同的民族之间，其思维方式也有差异，语言的不同会导致思维模式的不同。从沃尔夫的多语意识可知，学习者的世界观会随着外语学习的进展而被改造或者改进。也就是说，外语学习者原有基于母语的概念结构，会因在外语学习过程中获得的新概念而发生重组，而这却不是一种语言思维对另一种语言思维的简单替代，是两者的相互融合，通常会达到的效果。

"外语学习不仅是一个掌握语言基本技能的过程，更是一个了解该语言的文化，提高素质，拓展思维方式的过程。"翻译家王佐良先生提出，语言之所以有魅力，主要是因为后面有一个大的精神世界，这两者密不可分，必须艺术地融合在一起，所以说，语言表达力和思想洞察力是互相促进的。有学者认为，学会一种语言的听、说、读、写，不仅是发展语言能力以作为交流工具的问题，更是关系到一个人素质的培养。[①] 也有实验显示：大脑里有一块被称为前额皮质的区域，其直接影响人的决策能力，学习外语可以提高此区域的功能。也有学者指出：关于外语学习的意义，如果从个人发展需要来讨论的话，可以说：语言促进人的心智发展，学习外语对促进人的全面发展具有极其重要的作用。[②] 语言造就心灵，哲学家沙夫在他的《人的哲学》中指出：语言是社会所积累起来的关于世界的知识。语言体系是同时影响思想体系，影响人观察世界的方式，影响对现实现象分类的最重要的符号。

美国著名心理学家斯滕伯格论述了，语言与文化不可分，学习一种文化的语言是理解该文化的关键，文化不能被视为一种语言的附属，而是深植于字里行间的。智慧的人不仅懂得自己的文化，同时也了解他人的文化。我们也熟知这样一句话："知彼知己，百战不殆"，此处的"知"的内容，广义上说，就是文化。学习语言让我们获得这种理解。学生们在大学英语的学习中，对不同文化的洞察和思考，不仅利于语言本身的学习，利于学生思维方式的改善，视野的扩大，对不同文化背景产生的事物的理解、包容和尊重。学生对发现文化差异和对异域文化抱以理解态度的同时，教师顺势引导学生对个人文化的思考，学生会将对异域文化的态度，用于对身边每一个个体或集体不同文化的理解和尊重，这已经让学生在进行智慧思考和智慧行动了。而我们列举的这一点收益，仅仅是冰山一角。其丰富的蕴涵和无限的力量会极大地促进学生的和谐发展和智慧生成的。许多领域的杰出人物，都是懂一门或多门外语的，如，学术大师陈寅恪，至少懂五种外语；我国的教育政策研究专家孙绵涛教授，不但会英语，而且还会日语和德语，其运用外语的能力，以及因外语学习的受益程度，可以说超过我们许多的英语科班生。还有马克思、周恩来等伟人们对外语学习的重视以及外语习得、感悟和运用带给他们人生的财富，不胜枚举。许多优秀的

---

① 杜瑞清. 英美文学与英语教学 [M]. 上海：上海外语教育出版社，2014：121.

② 程晓堂，岳颖. 语言作为心智发展的工具—兼论外语学习的意义 [J]. 中国外语，2017（01）：51-57.

人，深感外语习得对自己发展的作用和重要。教育家张楚廷先生的"语言与人生"一文，智慧地道出了语言伴随且影响人一生的发展。

以上论述了大学英语教与学对人的发展和影响。不仅丰富学生的语言知识、提高学生的语言技能，还促进学生的思维发展，引导学生的情感、态度、价值观的发展，引导学生的智慧生成。此外，大学英语教育提升国际化人才培养质量。外语能力增强，学生得以发展，学校人文教育丰富了，人才培养质量自然能得以提高。从专业的角度，作为人文教育的大学英语，有其丰富的内涵。总之，当前大学英语课程对于学生智慧的生成，对于高校人文教育的丰富，对于国际化人才的培养都有着不可替代的促进作用。

（三）大学英语教育智慧引导功能的重要性

1. 学生需要"智慧引导"

笔者是大学英语教师，对教师的教育理念比较关注，几乎每年会做一项调查：以问卷调查的形式或访谈的方式，在一般本科院校的班级中，抽选几个人文教育意识较强的教师所带的班，和人文教育意识较为薄弱的教师所带的班，其中有一个调查问题是，"如果大家不需要参加任何英语考试，也没有考勤方面的要求，你还会如期来到大学英语课堂吗"。在人文教育意识较强的教师所带的班级，举手或填"是的"人数往往超过半数，而在人文教育意识较薄弱的教师所带的班级，对该问题作肯定回答的人数很少，仅仅才超过四分之一，有些班级则是寥寥无几。这种调查结果，一般来于修完一个学期或更多学期的大学英语的学生当中。而刚入校的大学生，作肯定回答的一般都超过半数。这说明学生们原本是希望进入大学英语课堂的，而一两个学期过去后，发现大学英语课堂意义不大，得不到什么启示。于是很多学生就失望了。大学英语的开课对象是大学一二年级的学生，该阶段的学生处于人生、态度、价值观形成期，他们富有激情、梦想，希望超越，但面临种种挑战，有着许多迷惘，他们渴望引导，特能感悟到的是人文的影响。教师从显性或隐性方面给学生以人的精神引导和启迪，学生获得的远远超越英语语言教与学的本身。

亲其师，信其道，感悟着教师引领的学生，同时更能捕捉到掌握一门语言需要的态度、思维、习惯、策略和能力。他们会积极挑战语言学习的艰辛，享受自信、毅力、勤勉带来的收获。这样的学生，无需老师的"苦口婆心"和反复提醒，更无需老师为学生的四、六级等考试结果担忧。非智力因素的强大，自然带动着智力因素的提升。当然，智力因素同样作用于非智力因素。大学英语教育在升华着其内在人文价值的同时，其外在工具价值会得以更好地把握和体现。相反，如果只停留于对其外在价值的追求，就会失去其灵魂。

2. "智慧"学生迎合国家和社会的需求

当前的跨文化交流越来越频繁，无声和有声的跨文化交流进入到人们工作、学习、生活的方方面面，现代人都应该具有较好的跨文化交流能力。李宇明在讨论中国外语规划的文章中指出：三十多年来我国开启国门，坚持开放，由"本土型国家"正在转变为"国际型国家"。本土型国家的外语需求，主要在外交、军事、安全、翻译等较为有限的领域，培养一些高级外语人才即可满足需求。国际型国家则不同，它对外语的需求是多方面的，最主要的特点是需要用外语服务，甚至生活需要用外语。随着国家的进一步开放，中国走向世界会更广泛、更深入；并且作为发展中大国，中国还需承担愈来愈多的国际义务。"国际型国家"意味着广大人民会更广泛、更深入地对外交往，而国际合作交流、商贸旅游、劳务输出、出国留学等都需要使用外语，因此，外语需求已发展到一个全新的阶段。在此背景下，李宇明认为："国家应当明确提出公民的外语素养问题。在扎实掌握母语的前提下，一般公民应掌握或粗通一门外语，提倡学习两门外语。"具备良好的外语素养，成功的跨文化交流者，一定是德才兼备的，不仅需要知识、还需要机智，更离不开智慧。缺乏智慧的交流和翻译，一定是不和谐的，也难以获得最终的成功。

国家中长期教育改革和发展规划纲要（2010-2020）对教育的描述和希望等都需要大学英语的智慧教育导向。如："把立德树人作为教育的根本任务""培养学生社会责任感、创新精神、实践能力""引导学生形成正确的世界观、人生观、价值观""以人格魅力和学识魅力教育感染学生，做学生健康成长的指导者和引路人""适应国家经济社会对外开放的要求，培养大批具有国际视野、通晓国际规则、能够参与国际事务和国际竞争的国际化人才。"而现状却远离了要求和希望。有学者针对大学生的未来规划曾做过一项问卷调查，近两层的受访者认为部分大学生存在人生目标不明确、职业规划不清楚，近三成受访者认为大学生的未来规划趋于功利。

某学者指出："大学教育阶段对一个人养成宽广的视野、自由的人格、开阔的心智，为个体今后的人生发展提供厚实的人格基础，起着至关重要的作用。"提升学生们的人文素养，需要人文教育的加强，践行人文引领的价值观。对学生的人文引领，是每一位教育工作者的责任，作为整体教育的一个部分，每一门课程都需要以人文引领。归属于人文学科的大学英语教育更有义不容辞的责任。

大学英语教育为何要关注学生智慧生成，国外的外语教育也给了我们启示。如，源于古典语言教育的美国高校的外语教育，其主要目标是培养博雅精英的人文学者。[①] 从欧美外语教师的培养与入职标准来看，其对外语教师的要求远不止关注语言能力，还提出了其他的要求：如，人文学科知识；目的语文化，不仅是一般意义上的风土人情，还包括哲学、历史、地理、政治、教育教学素养；教育学、心理学知识，交流能力、品质等等。德国外语教师入职前有五个模块的学科内容：语言技能课；教育理论课；教学法；信息通信技术；以及其他相关学科，包括政治、经济、历史、文化、社会、语言学、教材开发等。此外，

---

① 杨讽，孙凌. 关于大学英语教学论的一点思考 [J]. 外语教学理论与实践，2013（03）：11-16.

为促进区域间相互理解与合作，一些国家还提供诸如欧洲不同文化关系、少数民族语言、少数民族教育、平等教育等社会文化教育方面的课程。跨文化合作课程在英国、法国、奥地利、德国比较普遍。一个国家对外语教师的培养方式和内容，能体现这个国家对外语教育寄予的希望和赋予的意义。此外，大学英语教育作为高等教育的有机组成，而非"英语培训"，发展学生的智慧，指向学生的幸福生活，这也是教育本质的要求。所以，无论从大学英语的"能"，还是"求"来看，大学英语教育都需关注学生智慧的引导。

三、智慧引导功能的发挥是大学英语教育发展的新路径

处于瓶颈期的大学英语，使得各方在探求出路时，思想观点矛盾交织，提出许多解决方案，比如取消大学英语课程，或者降低大学英语的学分，或者转为专门用途英语，当然有相当一部分人的观点是继续当前的大学英语课程，但是要从各方面进行改革，等等。这些观点让大学英语教师更加惶恐、不知所措。鉴于上文讨论的大学英语教育的"功能"和"诉求，本研究认为，追求"引导学生智慧生成的教育"，是当前大学英语教学突破"瓶颈"的"良方"。

智慧引导功能的发挥有助于解决问题

有学者指出，大学英语应该取消。或将当前的普通英语转为专门用途英语，这个改革已经在上海一些高校开始启动。[①] 该改革在全国大学英语界影响较大。本研究认为，大学英语发展的路径是，超越其考试、工具导向的单一知识教学现状，追求引导学生智慧生成的教育目标，发挥其应有的功能，而非转向。鉴于大学英语教育的"能"与"求"，当前大学英语没有很好地完成使命，没有真正实现其功能，发挥其作用。也正因此，大学英语陷入了瓶颈期，遇上了诸多问题，需要的是积极想办法解决，而非轻易取消那么简单，也要谨慎考虑"转向"。当前提出转向的理由归纳起来，主要有三点：第一，增强国际竞争力。在全球化日益加深的背景下，大学生们需要钻研学术英语以便能随时获悉本学科领域的世界前沿动态，能参加国际性的学术交流；或者要掌握职业英语，以便在将来能较好运用英语开展工作。第二，大学新生的英语水平已经普遍提高到无需开设普通英语。（而事实远非如此）

笔者认为，提出大学英语"转向"的根本原因是其"工具导向"，就是将语言完全视为一种工具，迫切希望学生掌握工具以便获得"最有用"的东西，和马上可以见到效果的东西。其实，如果不是那般急功近利，学生真正学通了，完全可以通过自主学习而把握。因为，专门用途英语中的最基本的语言体系都是普通英语中的，只是不同的专业，会有不同的用词、组句和行文风格，不同的思维视角，不同的术语等等，这些都是学生自己可以结合专业自主学习的。而且，大学英语教师可以指导学生的专业英语在课外学习，虽然不

① 蔡基刚，廖雷朝. 再论我国大学英语的发展方向 [J]. 外语电化教学，2020（05）：20-25.

能胜任某些专业性强的课程。专业英语教学会涉及专业之深，而从广博性和对学生的影响来说，是难以替代普通英语教学的。而且，大学一年级的学生就开始专业英语的学习，从课程设置与教育规律上来说，都是不妥的。建议学生在进行普通英语学习的基础上，在有了一定的专业功底的基础上，再开始专业英语学习，这样可以在教师的指导下，较轻松地自主学习专业英语。这个安排在大二以后较为合理。再者，专业英语教学应当放在专业教育范畴里进行，不是大学公共英语层面所能承担的教学。但如前文中所提到的，基于语言的共性知识，大学英语教师可以指导学生的专业英语自主学习。所以，笔者认为，陷入"瓶颈"的大学英语教育的发展路径是"超越"而非"转向"。瓶颈期要顺利突破瓶颈获得发展，需要有一个明晰理念进行引导，那就是：大学英语教育应该彰显引导学生智慧的功能。如果大学英语教育关注学生智慧的养成，将其设为大学英语的目标和追求，学生在逐渐智慧起来的同时，其学习能力和对知识的掌握无疑会加强。而如何发挥引导学生智慧的功能，在接下来的几章里将就此展开探讨。

第三章 知识学习及获得：大学英语教学智慧引导的基础

知识是智慧生成的土壤，如何指导学生的知识获得，促进个人知识的生成，使学生善于吸收知识、善于运用和扩展知识，是对学生进行智慧引导的基础。大学英语教育能带给学生什么知识，应该让学生学习哪些知识，以及教学的理念、方法、目标等，是当前大学英语教育中有争议且较模糊的部分，而要让知识灵动，让智慧的土壤肥沃且充满生机，对明确这些内容非常有必要。

一、大学英语知识学习及获得的现状

知识学习，简言之，就是学习之后对知识的获得。可以说，当前的大学英语教学没有关注学生真正意义上的知识习得。其习得目标是功利的，即通过大学英语四、六级考试。习得内容是单一的。横向的单一表现在：缺乏与语言学习息息相关的目的语国家的文化内容；纵向的单一表现在：绝大多数时候，教师讲授的是表层的显性知识，极少领着学生对蕴涵的信息进行探究。习得方法机械，教师传授"真知"——毋庸置疑的知识点时，学生的主要任务就是尽力记住"真知"。学生们多数是为了通过考试而机械地模仿、记忆、背诵，较少进行知识消化，形成个人知识，导致习得效果远离外语教学目标，更不用说引导学生善于吸收知识、运用与扩展知识了。当前学生的大学英语学习往往徘徊在第一个阶段，即信息的积累阶段，尚未进行处理和分析，完全是一种惰性状态的累积。学生们从小学、初中、高中到大学，关于英语的词汇、语法等累积了不少，英语考试也通过了无数次，就是不会灵活运用知识，所积累的是许多个无序的"惰性知识"点，因为与考点很相关，所以能应付考试。但除了考试之外，没有其他能耐。他们评价自己的英语水平，也就停留在其做题正确率的多少。通过两三个月大学英语学习后，经常会听到有些学生的疑惑：感觉自己的英语水平不如以前了。当反问其"何以见得？你以前的英语水平又是怎样的呢？"其不知如何回答。如果给以提示：是不如高考前会做题了吧？其恍然大悟连声说"是"。而问及英语学习的目标究竟是什么，考试还是交流？相当一部分学生会较有感触，继而综合评价自己的英语能力和重新规划自己的英语学习。因为学生们潜意识中的英语学习动机是通过考试或考试得高分，英语水平的高低即考试分数的高低。

笔者一次让学生尝试翻译 2017 年两会的精彩语录，句子还没呈现，许多同学就开始紧张，他们心理会嘀咕，我们哪能翻译两会的语录啊。所以，即使他们看着这条简单的语录"过去几年,我们的困难比预想的多,结果比预料的好",也会犯难。其实,从学生们习惯的语法词汇视角看,并没有他们不熟悉的单词和结构,但很少有同学能给出一个较灵活、纯正的译文。从许多译文中,能明显看出的是,学生们只围于词汇与结构的记忆,而不能基于词汇与结构进行发散和创造。但是,将四级模拟题呈现给学生时,他们的心理与面对两会语录大有不同,他们会毫无异议地欣然接受。也就是说,他们潜意识里也就限定了自己"如何学英语和学英语为何",他们学习英语的主要定位就是参加英语考试,他们只发现自己参加英语考试的能力。

老师方面,大学英语教师有着一个悠久的固有角色,那就是:语言知识的传授者,不论其教学模式和课堂组织形式如何变化,其根深蒂固的教学内容主要就是词汇、语法、句式的掌握,一个显性或隐性的目标其实是考试,不管教师们是否明确承认。有学者将"纠错、语法、应考"归结为大学英语教师教学的三情结。这从一些相关的调研、访谈,以及老师们的论文、课堂、平日的谈话、会议中的发言、讨论、教学后记等都足以表现出来。笔者所做的调查中有一个问题是:"您认为您的教育教学真正达到了的目标:提高了学生的英语基础和应试能力、技巧;培养了学生的英语综合能力,特别是听说能力;激发了学习兴趣,提升了思维能力,增强了自主学习与合作学习能力;提高了学生的综合文化素养与跨文化交际意识和能力。"单选的占到了一半以上,这说明目标的单一,人文的缺乏,观念的固守。当前,多数大学英语教学缺乏一个更高的目标,即对学生发展的整体关注。另外,从大学英语教师对学生作文的点评中可窥一斑,笔者抽查了两所普通高校的三百篇大学英语作文的批阅情况,多数是语言点的修改。对文章的结构,学生的思想、体验以及跨文化交流层面(如纯正的表达)等,少有涉及一是教师的能力问题,还是教师的理念问题,可能都有吧。还有就是,教师自己的英语学习经历,是因为语言教师的教学往往受其语言学习经历的影响。要进行成功的跨文化交际,仅仅机械地记忆一些基础的英语语言点和四六级考点,是远远不够的。需要拓宽习得内容,改善习得方式,提高习得目标,打开习得视野,才能收获好的习得效果。

二、大学英语知识学习及获得的内容

卢敏玲教授认为,学习内容不仅仅是让学生了解一个概念或理论,还可以让学生掌握某种技能,明晰一种态度或价值。所以,我们在讨论学习内容的时候,一方面要阐明学习活动所指事物的内容;另一方面还要思考学习者怎样理解它。卢敏玲教授指出了,学习内容有两种属性,即专项属性和一般属性。[①] 专项属性是指我们希望学生习得的学科知识,即直接目标;一般属性是指我们通过让学生学习一门学科知识,从而培养学生掌握和发展

---

① 卢敏玲,庞永欣,植佩敏.课堂学习研究—如何照顾学生个别差异[M].李树英,郭永贤译.北京:教育科学出版社,2016:14.

某种特定的能力，明晰某种态度、价值观等，这可以称为间接目标。具体到一堂课中，又可以细化出三种学习内容，即预期的学习内容、实践出来的学习内容和学生体验到的学习内容。理想状态下，这三种学习内容是一致的，但现实中，预期的学习内容与体验到的学习内容存在一定的差异，这和学习内容的关键特征有关。根据卢敏玲教授阐释的学习内容的定义、属性和形式，我们可以说，大学英语课程的学习内容不仅仅是语言知识本身，语法词汇等语言知识只是专项属性中包含的一部分，而目前大学英语课程学习内容的一般属性还远未显现出来。要实现大学英语学习内容的两种属性，语言与文化并重是不可或缺的一点。因为，要在学生学习语言知识的同时，真正掌握一种语言，并引导其视野的开放、思维的灵动、体验的深入，就不能不让学生走进丰富多彩的目的语文化之中。学习一门语言，就置身于一种文化，思维着不一样的思维方式。要想真正了解一种文化，也离不开对承载该种文化的语言的学习。著名心理学家斯滕伯格在论述当今的教学远离智慧的四个举例中，其中有一个就是外语学习与文化的分离，他指出："语言与文化不能分，学习一种文化的语言是理解该文化的关键，文化不能被视为一种语言的附属，而是深植于字里行间的。"[①]语言和文化是密不可分的，从另一个角度来说，学习外语，如果不关注其文化，定不能真正掌握这门语言。

（一）语言、思维及文化间的联系

一个民族的思维模式，深藏于其文化之中。文化是思维在语言上的反映。思维是大脑反映客观世界的一种过程，而思维活动则是通过语言来表现，也就是说，一个民族特定的思维模式和风格是通过该民族的语言表达出来的，该民族的特定文化也因此形成。思维通过语言形成文化，文化的不断发展又丰富一个民族语言的内涵，民族语言的发展则促进民族思维的活跃与创新。语言、思维、文化三者密切相关，但当前大学英语教与学却没有较好地协调这种关系。此处提及其关联，以提醒大学英语教育的内容关注点，更希望促进大学英语教育在质上的提高。教师和学生只有清楚了其关联，才会在教与学上取得较大的提升。对外国文化的关注，不仅有利于外语的习得和跨文化能力的培养，其本身就是一种很好的通识教育。哈佛大学文理学院院长罗索夫斯基把哈佛通识课程确定为六大领域：文学与艺术、科学、历史研究、社会分析、道德思考、外国文化。

1. 语言与思维的关联

萨丕尔沃尔夫假说认为，词语本身或语言中的概念系统制约着人们对于客观世界的认识，语言给人一种特定的对待世界的态度和看法，人的感知能力和感知内容深受语言的影响。比如，"纯语言"的提出，不仅在新的角度指导了翻译理论和实践，也为人们对语言

---

① 卢敏玲，庞永欣，植佩敏. 课堂学习研究—如何照顾学生个别差异 [M]. 李树英，郭永贤译. 北京：教育科学出版社，2016：14.

的进一步认识提供了一个清晰的概念和思维。"当下远比当下发生的一切更深远悠长。"[1]这句话也从一个侧面说明了语言、思维与人对客观世界的感知的联系。也就是说，因为每一个人的语言、思维等的限制，自己能看到、听到及感知到的"当下"是不一样的，而且每个人的"当下"仅仅只是真正"当下"的冰山一角。一些惯用语，甚至语言结构本身，会导致思维的误区，如"他丢了性命"、"我的小命没了"，好像命是一个人能够拥有或妥弃的东西一样，而事实是，一个人无法拥有生命，他就是生命本身。又如，一个孩子小的时候，如果总喜欢说"我""我们"，他会习惯性地更关注其语言所指群体，会导致我中心主义的严重。而非常有爱心，乐于分享的孩子，他们的语言所指群体不会集中在第一人称。这些都是语言与思维相互影响的例证。

语言中，词语的有效利用往往使某些特定细微差异的辨别变得简明，对于同一对象，若有较多的词来表述，会使交流变得更加容易。能用不同的词语描述同一事物或现象，表明其语言在表现该现象时有较强的编码能力。比如颜色从物理性质来说，是一种连续性的光谱，其表现形式不会因为地域的变化而不一样。但是，不同民族的语言对颜色的表达却有着差异。有些语言表示颜色的基本词较多，而有些语言中却很少。在欧美国家的语言中，如英语和法语中各有 11 个表示颜色的基本词；缅甸语中有 7 个颜色基本词；菲律宾境内的哈奴奴语和印度阿萨姆邦的加罗语中，各有 4 个颜色基本词；在一些很偏僻的地区，语言中的颜色词很少，比如新几内亚岛上的丹尼语和贾勒语，只有两个表示颜色的基本词。有学者对这种现象作过一些比较和分析，提出，从语言中表示颜色的基本词的多少，可以看出其所代表的文化的发达程度及其在思维、科技方面的先进与落后。比如《雪》，因为人文地理的原因，爱斯基摩人有着不同的词语来表达不同种类的"雪"。如，在地上的雪、像冰块的雪、风吹起来的雪等。舅舅、叔叔、伯伯、阿姨、姑姑、姨妈、姑妈等，而在汉语中不同的称谓，体现了不同的人物关系，而英文中却非常简单，即与父母亲同辈的男士统称"Uncle"为与父母亲同辈的女士统称为"Aunt"。有人提出，英语中虽然表示"雪"和人物关系的词比较单一，但不能说以英语为母语的人缺乏辨认不同形式的雪和复杂人物关系的能力。但是我们可以说，以英语为母语的人，看到不同形式的雪时，映入他们头脑的一定只有一个确定无疑的词，在很多情况下不会进一步思考雪的形式，事实也说明，以英语为母语的许多人很少有意观察或意识到雪的不同形状，而当他们开始了解因纽特语，并关注到这门语言对不同形式的雪的诸多表达后，其对雪的观察和态度发生变化，对雪的认识和思考逐渐丰富起来。

同样，英语国家的人在看到父母亲同辈的男士或女士后，会毫不犹豫地叫出，称谓或许不会去思考更多的"关系"。但在他们走进中国文化，熟悉了中文的叔叔、大伯、小姨、姑父等词语后，他们的思维中会多出了一个概念域，到中国一段时间后的英语国家人士，

---

[1] 德埃克哈特·托利著．当下的力量 [M]．魏焱北京：中国友谊出版公司，2011:122．

会对不同的称谓非常感兴趣，也开始对较细微的人物称呼变化进行思考比较。同样，英语中也存在很多对某一特定事物有着丰富表达的词汇，如汉语中的"牛肉"，在英语表达习惯中，牛的各部位肉都有特定的表达，如牛胸肉、牛臀肉、牛里脊、牛肩肉等。而汉语在表达习惯上，一般统称为"牛肉"。再如，俄语中的"蓝色"，特指"深蓝色"和"浅蓝色"。而汉语中的"蓝色"指代"各种蓝色"。所以，各种蓝色就难以准确地用俄语表达。说班图语的非洲人，有关几何图形的词汇远不及我们丰富，事实也证明，其在对几何进行论证与解说时不如我们清晰简洁。以上只是从简单的词汇中发现语言与思维的关联。一样的道理，不同语言的概念体系、结构等对思维的影响可能更大。如，英语中的条件句结构常表示与现实相反的情况，这种条件句结构表意模式，在汉语中是没有的，如果听者缺乏语境信息，会认为这是一个否定的表述。我们不能说某种语言的民族在感知、思维等方面更胜一筹，但可以说拥有不同语言的民族在对一些特定的事物或事件的认识和思考上一定存在着差异。

以语言表达为例，笔者通过对英语专业学生多年的观察，发现其刚入学时，在行文或口头表达中，趋向于先分后总的方式，而一两年之后，其更多地以先总后分的方式进行写作或口头表达。另外，英语专业的学生常常会出现语言"西化"的现象，不难说明其思维在语言学习过程中受到了外语较大的影响。中文习惯将修饰语前置，英文的修饰语（尤其是词组、从句）往往是后置的，通俗地说，汉语是向左发展的语言，英语是向右发展的语言。学生在习得外语的过程中，其思维不自觉地发生了变化。在其汉语表达中，也将修饰语后置，导致表达不地道。这种现象，不仅仅是形式上不同那么简单，而是英语专业的学生受到了英语思维较深的影响。

萨丕尔曾经以不同的几何坐标代表多种不同的语言，提出，因为处于不同的坐标中，同样一个几何体的几何点之间的关系也会显示出差异。语言是系统符号的一种，凡是符号系统，都会对思维和认知产生影响。一个优良的符号系统，有利于信息的处理整合。所以，习得了一种语言就是熟悉了一种包含在该语言中的文化系统以及思维模式。大学英语教育需让学生具备这样的意识，才能让英语学习更加有意义，让学生的视界更加丰富，更能促进学生的发展和智慧的生成。

2. 语言与文化的关联

"文化"是汉语语系系统中古已有之的词汇。人们在使用文化概念时，一般指其三个主要的特征：历史性、群体性、影响性。所指的三个层面即，物质文化层面、制度文化层面、精神文化层面。在西方，对于文化的定义，不同的学者，从不同的学科领域进行着不同的阐释。美国文化学者马塞拉提出这样的定义：文化就是为了提升个人的社会生存能力，增强适应能力，以及保持他们的成长和发展，并通过后天习得的共同行为，并一代一代传承下来。文化有外在的形式和内在的形式（如价值观、态度、信仰、感知方式、思维模式以及认识等）。文化是思想活动，是对美和高尚情感的接受。支离破碎的信息或知识与文化不相干。由于人们是通过自然语言去认识世界的，使用的语言不同，其对世界的认识也就会有许多的不同。从某种意义上说，特定的语言结构反映了特定的文化现象。美国著名人类学家怀特曾说，各民族的文化在其语言中表现得最为淋漓尽致。最具代表性的是各民族的俗语，非常生动，又简明扼要地或显性或隐喻地传递其文化，能体现一个民族的精神、智慧。如，"天无绝人之路"表达了一种自信自强的精神；"满招损，谦受益"告诫人们要谦虚谨慎；"情人眼里出西施"阐释了爱情的秘密；"疾风知劲草，患难见真交"解读了友情；"三个臭皮匠赛过诸葛亮""人心齐，泰山移"传递出一种团结与合作的意识。而以下更多谚语从不同层面引导人们对时间、做事的思考：时间就是金钱；一寸光阴一寸金，寸金难买寸光阴；时间能创造奇迹；时间是真理之父；时光如逝水，岁月不待人；合理安排时间就是节约时间。活到老，学到老；有志者事竟成；世上无难事，只怕有心人；只要功夫深，铁杵磨成针；忍耐是痛苦的，但它的果实是甜蜜的；人只要奋斗就会犯错误；冰冻三尺，非一日之寒；条条道路通罗马等等。许多谚语或体现了对人、对事的态度，或阐释了对生活、对处事的经验、哲学和精神等。其从不同侧面展现一个民族的风土人情，表达一个民族的精神信仰，传递着一份特质与恒久。短小精悍的文字蕴涵丰富，每一个语言要素，都承载着一定文化的内容和特点。不同的思维和文化，对同一个词或物，也有着不同的意指。

中西文化中的颜色词是非常有代表性的，如，红色，因为其代表着火和血的颜色，所以在中西文化中有其相一致的意思，但更包含了中西文化意指的不同点。在中国文化中，红色通常象征吉祥、喜庆、兴旺、成功等积极意义。而在西方文化中，红色更多地表达着消极意义，如：残酷、血腥、危险、暴力等。西班牙人因为其斗牛文化传统，将红色视为不祥之兆，斗牛士用红布激怒牛，所以，指"危险信号"、"做令他人讨厌的事情"。在西方，蓝色表示"忧郁"；白色代表"圣洁、纯净"，而在中国文化中蓝色和白色的意指则不一样。再如数字，像我们一些国人忌讳"4"一样，英国人心中最不吉利的数字是"13"，所以，他们的活动日、编码等尽量避开这个数字。文化体现在语言中，离开了语言，人类文化是不可想象的。在文化发展的每一个阶段，语言总能完整地、将文化反映出来，并将其进一步巩固下来，薪火相传，语言是知识的载体，是各类变化和集体经验的储藏器。语言对人类社会的发展和文化的进步起着重要的作用。作为同一民族成员交流的基础和手段，语言又生长于民族的生产和生活，所以，语言既反映一个民族的社会现实，又受到民族的文化传统、思维方式、生活习惯、态度信仰等的制约。斯滕伯格用一句话精辟地道出了语言与文化的密切关系：如果不走进这种文化，学好其语言是不可能的；如果不学习该文化的语言，就难以真正地理解这种文化。

（二）英语学习与文化认知的关系

从语言、思维、文化的关联中，我们进一步认识到，外语学习不仅仅是单词和语法等语言知识的学习，更是对该语言所蕴涵的文化习俗和文化差异的了解，以及养成外语思维的习惯。文化认知与语言学习相互作用、相互促进。外语学习过程是掌握另一种语言形式结构的过程，也是感知另一种语言的社会文化功能的过程，外语教学必须将语言教学与文化认知有机地结合起来。

1. 英语学习中的文化认知内容

语言的结构和语言的社会文化之间存在一定的内在联系，其影响着学生的语言学习过程。翻译家王佐良先生提出，通过文化来学习语言，语言也会学得更好。如，对不同语言文体、风格的研究很有实际用途，可以使学习者更深入地发现该语言的性能，看到该语言的优点与不足，以及学习者在学习过程中尤其需要注意的地方，比如说，英语并不难使用，但又在不小心的使用者或过于小心的使用者面前布满了陷阱。大学英语教学，如果有意识地引导学生认知和比较英汉两种文化中的词汇文化内涵、基本句子结构、段落篇章结构、话语模式等，学生们的英语学习会变得灵活、有效且丰富。学生们对汉英词汇文化内涵的认知会随着其英语学习的不同阶段而发生变化。生活在单一文化环境中的人们会想当然地认为两种不同语言之间的词语是对等的，也就是说，一种语言中的词语一定能在另一种语言中找到与之对等的词语。刚进校的大学生，即使已经学习了十多年的英语，大部分学生往往都持这种观念，从他们的英语写作、口头表达、还有翻译练习等方面都有明显的表现，他们普遍从母语出发思考要表达的意思，然后到词库、词典中查找对等词语进行表达，结果是，写出来或说出来的语言显得生硬、别扭，难以达到交际的目的。其实，不仅刚入校的大学生如此，许多修完了两年大学英语课程的大学生也存在这样的现象，他们没有意识到，词语是文化特征的直接反映，不同的语言之间很难有完全对等的词语。英语水平的高低影响着学生对英语词语的文化内涵的理解及态度，反过来，这种对词语文化内涵的理解及态度又会影响学生英语水平的高低。所以，当下仅关注语言知识学习的大学英语教学是导致学生英语水平难以有突破的主要原因之一。

不同语言的词汇反映出各自不同的文化价值观念，人们在使用一种语言时，一定要对其所包含的文化价值进行认知或理解。大学英语教学，需要引导学生结合英语词汇隐含的文化价值对英语的词义进行理解。第二语言或外语学习一定不是纯粹的语言知识学习过程，这个过程必定涉及形成新的语言概念的第二语言文化认知过程。汉英基本句子结构也体现了汉英两种思维模式的差异。英语是主语突出语言，汉语是话题突出语言。话题概念在汉语语法中有着重要地位，而在英语中，几乎所有的句子主语都出现在动词之前，并且与动词相呼应。注重意合的汉语句子可以没有主语，而注重形合的英语句子中的主语绝大部分情况下是不可或缺的。这种句子结构上的差异也反映出两种文化思维模式和语言表达习惯的差异。英语语言非常注重逻辑，是西方重"理性"的文化特征的很好反映。

有研究表明，中国学生受母语影响，往往采用话题突出结构。这既影响着学生写和说的地道性，也影响着学生对听、读、译的材料理解的确切性。在交际中，首先选择主语对于学生们来说具有挑战思维习惯的意义，而从某种意义上说，外语学习过程，原本也是新的思维模式形成的过程。关于汉英的段落和篇章结构特点，学生们普遍有一个基本的认知。只不能灵活运用在具体的阅读和写作之中，这也是受到了思维习惯的影响。有学生将演绎式和归纳式结合运用得很巧妙，虽然显得不地道，但是从另一个侧面，也可以说是一种较好的文化和思维方式的融合。关于话语模式，作为中西跨文化交流研究的主题，西方人认为中国人在交谈中对对方话语的应答通常是不确定的，是难以揣测的，因为中国人喜欢以委婉的方式，用解说性、建性或谦逊的言辞。不像西方人的直截了当。话语模式的不同有其文化根源比如，中西方哲学的不同，中国人深受儒、道等哲学的影响，一般不会太直或锋芒毕露。

2. 英语学习与文化认知的关系

语言与文化之间的关系说明了语言习得与文化理解是相辅相成的互补关系。文化学习是为了进一步夯实语言基础，提高语言交际能力，是为了帮助习得者更准确地理解和更得体地运用外语。大学英语教学中，关注文化是在加强而不是削弱和取代语言教学。大学英语教学中的文化关注本来就是语言教的内容、方法和手段，文化关注渗透并融合在语言教学中。有学者指出："学习外语不仅仅是掌握语言的过程，也是接触和认识另一种文化的过程。"[①] 因为文化反映一个民族的特征，蕴藏该民族的人生观、生活方式和思维方式，不同的语言环境构成不同的语言习惯、社会文化、风土人情等。在现实的交流中，人们如果总是用自己的说话方式来表达和理解，用自己的文化观去理解别人，往往会对对方的话语做出不准确的推论导致矛盾和冲突的产生。所以，脱离文化背景去学习语言知识，我们学到的只是语言的外壳。正如美国教育家温斯顿布伦姆博格所说的："采取只知语言而不懂文化的教法，是培养语言流利的大傻瓜的最好办法。"语言与文化的密切关系使一门语言具有形成学习者新的身份的作用。因为语言不仅仅是交流的工具，同时蕴含着一种全新的思维模式和价值观，由此，外语的学习有助于学习者跳出自我文化中心的圈子，重新审视自己或者异己的文化群体。重构知识结构、重整心理过程，加之适切的引导，从而发展智慧。但，一定需要"适切"的引导。布莱恩摩根曾如此评价他所教的以英语为二语的课堂，这个课堂发生在多伦多的一个中国社区中心：每一个教授二语的课堂都是一个复杂的、独特的、动态的社会环境。课堂中，学生们在当下的语境中重新评价过去，通过与教师的

---

① 李子战. 跨文化自传与英语教学 [M]. 北京：高等教育出版社，2018：18.

互动，锻造新的文化，这潜在地改善了他们在未来的生活和机遇。

三、大学英语知识学习及获得的指导

"个人知识"是转识成智的关键点，是个人所具有的知识（包括显性的和内隐的，包括来自于直接或间接经验的），"个人知识"作为一种知识的存在形态和一种知识的形成过程，既是一种静态的"知识"，也是一种动态的"知识"。个人知识也是一种对人生经验的反思性建构，它有助于实现受教育者自身的意义感、体验性、生成性和整体性。知识是教育实践中最基本的交往媒介，虽然教育开始于普遍性的、显性的、明确的公共知识，其目标却不仅仅是让学生掌握公共知识，而是需要引导学生对公共知识进行个人化，即将静态的知识内化为与个体状况及境遇条件相统一的东西，从而实现个体性与普遍性的意义衔接。"教育从整体上说，不过是使受教育者做好准备，去迎接生活中的各种直接经历，用有关的思想和恰当的行动去应付每时每刻出现的情况。

大学英语教育应该如何指导学生的知识习得，才能达成学生智慧生成的目的？让学生随时去"迎接经历"、去"应付情况"？关键是"指导而非"灌输"，鼓励学生自主积极地体验、反思，探索，这就需要大学英语教师明晰有效习得环节，提升学生的专念意识，真正理解并创设"学生中心"，促进学生个人知识的不断生成和丰富。将育从狭隘的知识教学引向意义更广泛、更深远、更丰富的智慧教育领域。

（一）大学英语知识学习及获得的有效方式

皮亚杰有这样一句名言：每当你告诉一个孩子答案时，你就剥夺了他自己去发现的权利。"智慧的生成必须经过自我"锤炼"和自我建构，所以，智慧不是教会的，是通过智慧引导而生成的，智慧即意味着"我的智慧。智慧总是以个人知识为载体智慧并不仅是以道观之"，还必须"以我观之，无"我"则无智慧。所以，指导学生的知识习得，要把握有效习得环节，即认知、系统建构和探索，并在每一个环节中引导学生的积极体验和互动。

1. 建构和探索环节不容忽略

一些大学英语教师常会抱怨学生："这个点我讲过不下三遍了，没想到大多数学生还是没有弄清楚，不知道他们是怎样学的！"，"我已经讲得很明白了，我真不明白这些学生们为什么还不明白！"其实，教师所教的并不一定是学生所学到的，没有引导学生亲自建构和探索的东西，学生永远印象模糊。教师就要为学生创设条件让学生感悟建构和体验探索。学生学不到老师所教的内容，从一定程度上说，并不是由于学生能力缺乏，而是教师以特定方式导出的预期学习内容的所有关键属性特征和这些属性特征之间的关系，没有能够让学生同时关注到。因此，教师在教学中要尽可能以让学生能够关注到关键特征的方式来处理学习内容，有助于学生系统建构思维的发展，并能有效引导学生的积极探索意识。

而目前，许多大学英语教师的做法是"教师中心"的，教师设定了教学目标，也设计了内容与活动，并按照自己所备的课"顺利"完成教学后，就理所当然地认为完成了教学目标，没有去考虑学生是否真正达到了预设的目标。

桂诗春先生曾提出：我们的大学英语课程大纲的设计者、实施大纲的大学英语教师往往只关注教什么、怎么教，而对于学生是否学到所教的东西、是怎样学到的，特别是对自发言语是怎样用的这一关键问题，却少有关注。比如现在强调"听说"，教与学几乎都是发生在课堂中，在课堂上练得还不错的学生，到了真实的交流情境中，却仍然显得很弱。总结了学生的学习过程，包括三个具体环节：认知、建立系统和探索。探索过程是学习者在现实语境里使用语言和观察别人如何使用语言，其实，很多学习是在探索过程中发生的，只有通过接触语言，学习者才能领悟和不断修正其所建立的体系。反思当前的大学英语教与学，大多数只停留在第一个环节，即认知环节，教师们极少帮助学生建立系统，也没有唤起学生系统建构的意识。而发生在课堂中的模拟探索，以当前的教学理念和方式，最多只给了几个学生机会，也只有少部分学生争取这个机会。高中毕业的学生对英语基本上处于认知阶段，尚未建构好内化的语言体系。大学英语教师需因材施教，指导学生的系统建立，并为学生创设环境，关注学生习得英语的关键过程—探索。

根据当前高中毕业生的特点，整体来说，英语水平提高了。不像 20 世纪 80 年代初的大学新生，基础可以说是零。为什么在大学英语教学中，一定是循规蹈矩，思维"固化"呢。大学英语教学仍让学生授受性地学习，模仿、记忆、背诵，从小学到大学，十多年如一的学习方法，用功的学生，大脑里储存了足够多的信息点，但是实在难以输出，不会用。要发展学生的个人知识，大学英语教师需引导学生对所学知识的整理、归类、建构自己特有的"应用系统"，将已经积累的无数语言知识点进行"串点成线"，再逐渐地"连线成面"。同时引导学生的灵活运用、创造性学习和自主学习，鼓励学生在探索过程中的大胆实践。如果大学英语教师仍固于语言知识和考点的灌输，学生的个人知识难以生成，语言能力难以提升。可以说，大学英语教与学中对系统建构和探索环节的忽略是导致大学英语"费时低效"的主要原因之一。

2. 体验和互动是有效习得的关键

基于其自身对英语教学的观察，提出了一个被许多人忽略的问题：所教的并不一定就是所学到的。也就是说，教师教的内容一样，但学生的"获得"各不相同，因为每一个学生的在各自原有背景与当下情境中对内容的感知或领悟结果是不一样的。变易理论能更全面地解释这一点：因为学生有不同的学习风格、不同的日常生活经验，所以学生对于教师所教的内容有不同的理解方式。真正有效的认知、建构和探索都离不开学生积极的体验和互动。有专家提出，语言习得过程还是一种身体和心理的训练，这更说明语言学习者自身的体验是至关重要的。大学英语教育要有效引导学生的体验和互动，教师必须先体验学生的体验，不了解或脱离了学生的体验和互动的教学一定难以成功。

在教学设计和教育理念上如何提升体验和互动，陈波博士讲述其在美国做访问学者时听过的一门课程，给我留下了深刻的印象，也对我很有启发，课是这样的：教授预先布置与课程有关的阅读材料，要求学生在课后完成阅读，教授则在课堂上通过提问来检查学生的阅读情况。每次课两小时，只重点讨论关于上帝存在的一个论证。教授先陈述这个论证，并做必要的诠释和引申，然后学生举手发言，提出支持或者反驳这个论证的种种理由，其他学生再对此进行辩驳，教授则不时插话，或补充信息，或参与对话，以此引导、控制着整个讨论进程。下一次课教授则陈述一个与前次课刚好相反的哲学论证，学生再就其进行讨论。在这样的课堂上，学生们积极体验，展开多维互动。学生的注意力不是被引向论证的结论，而是论证的视角、过程或方法。同一个问题呈现出各种可能的解答，极大地打开了学生的思路。学生们在体验和互动中感悟的每一种解答都有支持或反驳它的种种理由，但这些理由都不是完全充分的，要求他本人通过创造性思考，对这些论证再做出重构、评价、支持或反驳。这种感悟和意识，一定是其个人知识构成中的强有力的部分。这样的教学能使学生更为深刻的体会哲学家的思想，并有可能促使学生对某一问题形成自己的观点。真正的教育也是一种智慧的训练，体现的是如何唤醒学生的智慧，如何努力建立起学生与公共知识间的意义关联。使学生们成为意义学习者。其关注的是如何养成学生的反思习惯，从而实现"经验的不断重组与改造"，同保持对自身的超越性和对世界的开放性。

在大学英语中教学中，本人也感觉以下方式很能"带动"学生，此处的"带动"指的是其身心的投入，亦即体验。如，中外教同台授课，是引导学生现场感悟鲜活的中外教学文化差异的非常有效的方式，无需说教，学生们能亲临感受。有关中西文化对比的教学内容，以中外教同台授课的方式也很直观、生动，笔者每带一个班的学生，至少有八个课时是邀请外教同台授课的。这种授课方式能让学生对一些特定的内容或较抽象的观念，有更直接的体验和互动。比如说，外教在分享西方文化的过程本身，就是西方文化的一个生动展示。另如，在翻译教学中，不仅让学生写出自己的译文，更让学生阐述其个人或合作小组翻译的整个思考、互动过程。也就是说，不仅让学生给出答案，而且分享其探索最佳译文过程中的思维活动等，描述自己小组的体验和互动其实也是邀请老师和他组同学重新参与其体验和互动的过程，双方都会印象深刻。老师也要尽量与学生分享自己的体验、感悟与故事，比如，讨论文章的划分，或是文章的写作，或是阅读理解时，要与学生交流自己是怎样开始的，如何思考的。其实，一个确定答案和一篇完美范文的给出，对学生并不重要，学生更需要与其所认知对象的互动，更需要体验和感悟一种思维活动的过程和方式，以及隐含其后的意蕴，那才是最重要的。

教师有时与学生分享设计一个问题的前后细节，描述思考过程，引导学生如何发现、设计问题。当然，教师也可以分享自己的语言学习经历，如从不能与老外展开话题到能够顺利交流的发展故事，其中的许多迷惘与反思，以及进一步学习、苦练和意志力、自信力等的培养等。还有，将学生导向真正交流的途径，比教学生具体的知识技能要影响深刻得多，"开头常用语、结尾常用语、道歉常用语"等知识以及"如何开始谈话、如何展开、如何结尾"等技巧。这些是很容易在很短时间内授受的，完全可以布置给学生，让学生课后自学。而且，这些知识性和技巧性的内容即便不教给学生，在当今环境下，是触手可得的资源。而老师根据学生实际情况，将自己或他人学习、认知、能力发展等的（如交流能力、写作能力、阅读能力等）心路历程、思维方式和活动点睛等以故事或模拟等的形式与学生分享，对学生学习思路、方式以及智慧生成的引导是无价的，学生会在分享中质疑和反思，学生在不断学会学习，学会思考的同时，也加强了修养。

"不愤不启，不悱不发"，让学生发现问题，激发起求知欲时，在互动起来后，再进行启发、点拨、指导，不但提高教与学的效果，也和谐了教与学的环境。目前的大学英语教学，往往是学生不愿意听了，教师仍然拼命地讲，完全没有了互动，这种没有融入学生积极体验的情境无疑是不和谐的。当然，互动还发生在很多情境之中，比如，生生之间的互动，或者，学生阅读原著时，与作者、文中角色、语言文字等的互动。而当前大学英语教学面临的一个问题是，学生阅读量太少，尤其是对优秀文本的"体验"以及与经典的"互动太少，而这又是外语学习不可或缺的，这也是导致学习效率低下的重要原因。"英语的学习，只有随文学作品的思想感情内容和艺术形式而直接印在学习者的脑海里，才能想忘都忘不掉，才能记得牢，用得好"。阅读在二语习得中扮演的重要角色早就被国内外许多研究者所证实。葛伦鸿认为，古往今来的语言教学都要选择经典原著作为学习载体，这是因为，经典的本质决定了其是语言习得的最佳载体。[①]而当前的一些大学英语教材缺少经典内容，编排教材的重心放在对主题的新颖和时尚的追求，很多课文来源于英美报刊杂志，有些是没有通过精心选择和编裁的。大学英语教育如果没有引导学生对优秀文本的欣赏，让学生与经典展开互动，仅仅让学生重复枯燥的语言训练和考点记忆，填充惰性知识，的确是一种时间、精力和资源的浪费，难以产生积极的体验和互动，又何以生成个人知识？

（二）专念意识及学生中心理念的有效引导

1. 引导专念意识

专念是一种意识，是对当下情境展开不做判断的有意注意。专念状态是全身心体验并融入当下情境的一种状态，是心无旁骛的一种状态。"灵活的思维是专念的本质。"专念训练，可以减少走神，可以提高认知。"有研究表明，经过专念训练的学生，在做英文的阅读理解时与训练前相比要高效得多。专念使人不遵循从问题到答案的最直接道路，专念

---

① 陈冠商. 审美心理学 [M]. 上海：上海文艺出版社，2018：56-57.

让人与当下的情境发生连续的直接互动，体悟到更多丰富的超结构或超文字的信息，专念对观察情境的诸多方式保持开放的心态，从而使主体吸收新的信息。与"专念"相对的词是"潜念"。专念的行为包含三个特征：不断创造新类别；对新信息持开放的态度；确信视角不止一个。而潜念的行为包含的特征是：局限于旧有的类别；妨碍人们注意新迹象的自动化行为；透过单一视角采取行动。形象地说，潜念就如长驾龄者的自动驾驶。

专念会使学生对情境和视角更敏感。如果学生处于潜念状态，其行为就会受到规则和惯例的支配。从根本上说，学生固化了自己对情境的理解，可以说是思维定式，对于可能引发自己做出不同行为的微妙变化，则意识不到。如果学生是专念的，其行为会由规则和惯例指引（而非支配），学生对情境变化会一直保持敏感。简而言之，潜念让学生陷入僵化的思维定式中，不去留意情境和视角。而专念让学生积极主动去发现新的差异和特点，而不是照搬或执着于过去的发现。具有专念意识的学生不会将问题线性地移动到解决方案，而是从一个视角转换到另一个视角，当遇到事件的消极面时，会积极寻找这种副作用的前景，而非停留于副作用悲观不前。

反思大学英语教学情境中的学生，可以说大部分是处于潜念状态的。如学生们对一个单元、一篇文章的学习，或对生词的学习，已经习惯于一种序、模式和方法——先整体看一遍，把握单元的主要内容，或者是文章的大概意思，然后就进行词汇、结构等的记忆。有相当一部分同学完全没有整理把握，直接进行单词和句子的记忆。诚然，语言学习离不开记忆。我们记忆信息的两种状态是：专念的和潜念的。如果我们专念地理解信息，我们会对不同情境中信息所表现出的不同形式保持开放心态。这种记忆会引导我们当下的行为，使我们更有可能注意到微妙的变化。如果我们潜念地学习，比如无条件地接受信息，或者超量学习、死记硬背等，是一种难以形成具有个人意义材料的方式，只会是"惰性知识"的累积。

也就是说，靠机械记忆学会的内容不能随时被加以灵活运用，无论是创造性地运用，还是以我们当初学习它的形式加以运用。对所学的内容，学生们可以用记忆的方法来通过大多数考试，但当他们想在新的情境中应用所学时，就会发现各种问题。目前的大学英语教学传授给学生的普遍是脱离情境的信息包，即使有时候提供了情境，其提供方式仍然会促使学生潜念地处理信息。专念主张用与自身信息相结合（互动）的方法进行学习，构建对自己有意义的学习内容（个人知识），这样更加有利于记忆，这就是心理学所指的自我参照效应。

在英语教学中，为个人知识生成而进行的教育意味着：选择与学生学习、生活相关的素材，发现、比较不同的文化和思维，探究文学作品的意义，强调阅读、听说与写作的过程等，而不是死记硬背语法和机械操练习题。让学生按指定的方法解决问题的大学英语教师实际上是阻碍学生对周围世界的探索，阻碍他们与英语语言的真正互动、对自身体验的关注和奇思妙想能力的发展以及个人知识的生成。以辅导学生的四级考试为例，大学英语老师常常如是"指定"，甚至研究出了许多"经典的应试技巧，如，做短对话的听力题时，的情况是听到什么不选什么（注：短对话选项常常会对听力原文中的关键词进行同义替换或进行其他的处理，一般不用对话中的原词。选项中关键词是原词的，一般不是答案。），而对于长对话和短文，老师们的建议则是听到什么选什么。还比如，对于具体的问话，如果问"某某是否坐上车了？"绝大多数的答案是"没有乘上车"。这样的引导，简直可以说成是一种畸形的线性思维，又何从谈及学生的智慧发展？

许多研究表明，目前的大学英语教学，多数学生都处于一种被动的学习状态，这种状态导致学生的疲惫心理、无成就感，甚至厌学情绪。一些老师也出现了语言的石化现象，潜念地讲授连自己都不想重复了的语言知识，这样的学习效果当然就不理想。如果在教学中，培养学生的专念意识，隐去大学英语教与学中的多种潜念状态及可能，会很好地引导学生与老师的积极态度、创新思维和乐学、乐教情绪等等，从而促进学生个人知识的生成。

2. 理解"学生中心"

以"学生为中心"的教学理念早已提出，许多教师们也耳熟能详，但深刻领悟了"学生中心"内涵的并不多，所以，目前许多课堂都没有真正做到以学生为中心，也就难以使学生个人知识得以发展。大学英语教学改革之前（2002年之前），大学英语课堂运用最多的是讲授法。后来逐渐减少了讲授的时间，增多了讨论法的运用。许多大学英语教师理解的"以教师为中心转向以学生为中心"就是"由讲授法向讨论法的转变"，所以，越来越多的大学英语课堂开始热闹起来：小组讨论、班级辩论、合作小组陈述等等，可谓是形式多样。但是，许多学生在好奇地、聊有兴趣地参与几次"学生中心"活动之后，发现活动索然无味，学不到东西：不会说不会运用的依旧不会，错误的表达也没有得到纠正。教师没有意识到：学生的参与不止于学生开口说出英语，更需关注其地道的表达、灵活的运用及其丰富的内容和思想；讨论不止于学生之间，更有教师的机智引导（无声或有声的参与）。如：讨论之前的精心设计，必要的语料输入，学生心理的疏导和激发，讨论过程中适时的智慧启发和引导、鼓励和欣赏，讨论结束后的点评和总结，向更深更高方向的延伸和拓展等。这一切都要关注学生具体的实际（即便是平行班的不同班级，整场探讨或辩论的实际进展也可能是完全不同的）。只有关注学生的有内容、有深度、针对性强的讨论教学，才能让学生作为主角真正参与，也才能保持对学生长久的吸引力。而对"以学生为中心"认识偏颇，对讨论教学法失当地运用，会让越来越多的学生远离课堂。到底怎样才是真正的学生中心？其内涵是什么？笔者认为从专念视角比较容易明晰"学生中心"内涵。上文中已经提到，教师们通常认为，将越多的时间交给学生，让学生自己支配，就越能体现学生中心。其实，"学生中心"理念的实现，与课堂教学形式、方法等没有太多的直接联系。课堂中是否做到了"学生中心"，主要看学生是否处于专念状态，如果学生是专念状态，即便整堂课使用的是讲授法，也同样做到了学生中心。如果学生处于潜念状态，不管课堂再热闹、学生活动再多，都没有真正做到学生中心"。

那么，如何能让学生处于"中心"？首先，教师的教学设计就需要是专念的，教师的教育教学始终要有着专念意识。体现在行为上，最基本也是最重要的就是，对学生的了解、熟悉和理解。整门课程开始前对学生的摸底；整体教学规划时对学生的关注思考；每次备课时对学生的分析；课堂中对学生的观察和对学生反馈的及时处理和机智引导；课后对学生的访谈和反思—总之，目的就是引导学生的乐学善思，引导学生的专念学习。以下几点虽然不是新提法，但对于引导学生的专念学习，达成学生中心，非常重要：激发学生兴趣，有兴趣，才会有主动和积极；关注问题设计，要遵循最近发展区理论，过于容易的话，学生易陷入潜念状态，太难，则会使学生失去信心和兴趣；谨慎教师用语，尽量使用最能引发学生思考的或然语气，实然语气次之，应然语气最限制思想；和谐师生关系，亲和的态度、自由的氛围等离不开和谐的师生关系。灵活赏识与批评，恰到好处地赏识鼓励，会增强自信、提升思维力。同时，恰当的批评，对于一部分学生也很重要，能够让其立刻专念起来，检视自身，积极调整。以上都离不开对学生了解这一前提条件。

3. 创设学生中心课堂

对于大学英语教学而言，创设学生中心课堂，需要关注教学内容的合理安排、教学方式的灵活选择、师生关系的和谐建构。教学内容的智慧解读和选编，学生走入课堂。教学内容是课堂的核心，影响着学生的知识习得、素养提高与兴趣产生。如果教师仅关注教材内容的传授、教学计划的完成，在课堂上"照本宣科教学成为形式上的教材，就忽略了学生作为"人"的存在。学生在课堂上感受到的是枯燥反复的词汇、语法、篇章、等级应试技巧。学生缺乏被教师关注的感觉，也就难以关注教师及其教学，从而不自觉地置身于课堂的边缘。要让学生走入课堂的中心，在教学内容上，教师可努力做到如下两点：

一是挖掘语言及语言教学丰富深刻的内涵。"唤醒和引导"是教育目标，更是创设学生中心课堂的需要。但如果教师自身缺乏对语言深层的认识和感悟，没有发现语言教学中深厚的人文意蕴，是无从谈及引导学生的。教师欣赏、保持并鼓励每一个学生的解读内容和活动，极大地丰富和提升了教学内容，达到了学生这一课堂主体与客体的融合，学生不自觉地走进了"中心角色"，不仅是课堂中的主角，也成了课后自主学习中的主角，精选教学内容并巧妙安排教学内容的序。大学英语课堂教学中，教师可根据个人的教学实际创造性地使用教材，包括对教材内容的删减、替换或补充。比如：从学生的学习效度来看，语言知识无代表性、信息量不大且陈旧的内容最好删除；从学生认知心理出发，太易或太难的内容需要进行替换；从学生的非认知心理角度出发，尽量选用"新"、"美"的材料，用能够水到渠成地引导学生情感、态度、价值观的材料进行替换和补充；从学生的知识结构角度出发，文科学生可适造补充有关自然知识的材料，而理工科学生可适当补给有关人文方面的材料。实践表明，文理科学生普遍对人文材料更感兴趣，因为从中更容易看到"人"，感受到"情"，在教师恰到好处地点拨下，人文材料引领着学生向真、向善、向美。不仅要根据学生实际精选内容，而且需慎重考虑教学的序，教材的序不一定总是教学的序，备课的序也不一定成为教学的序。

二是课堂教学中不仅要考虑学生的认知序，还要随时关注学生的心理序，比如刚从"数理分析"课堂中走出的学生，在大学英语课堂的前两分钟可以欣赏一曲轻快的英文歌曲或一首英文小诗，或一段优雅的英文影视，让学生稍作舒缓，使其不自觉地轻松进入英语情境之中。而对于从"民乐欣赏"课堂中走进大学英语课堂的学生来说，一段激昂的名人英文演讲的震撼会迅速吸引学生专注于课堂，避免学生沉浸于对优美民乐的持续回味之中。再如每周五下午的最后两节课不宜安排要求注意力高度集中的教学，如难度较高的听力、阅读训练等。如果能将学生更感兴趣的学习内容、话题或教学组织形式用于该时间段会是较好的安排。这种教学序的灵活调整也是基于关注"人"，凸显"学生中心"，而非教师或内容中心。教学方法的灵活选择和运用：学生介入课堂。每一种方法都能体现学生中心，而方法运用不当也会导致学生立于课堂的边缘。这取决于教师的综合素养和教学理念。教师希望给学生一个怎样的课堂，预设的教学目的如何？如果仅仅关注学生语言知识的掌握、应试技能的增强，在看不到"人"的教学目的指导下的教学，即便整个过程运用讨论法，也是枯燥乏味的，是难以引导学生真正介入课堂的。而在给学生一个自由愉悦的课堂环境，充分发展学生的可发展性理念的指导下，即便教学全过程是讲授法，学生也会感受到自己在课堂中的"主角"角色。因为教师的讲授中蕴含着启发、探究和发现，无时不在引导学生的积极习得与思考。在这种讲授法教学中，教师通过关注自己的提问和学生的反馈、激发学生互动以及引导学生的协作任务而保障学生积极地参与教学活动。当然需要承认，讲授如果把握不好，就非常容易导致"以教师为中心"的注入式。教师不是教材的传声筒"照本宣科"或"读"；教师当然也不是演讲家，只顾尽情表达自己的观点；教师更不是旁观者，只安排完全放任自流式的所谓"学生中心"的活动；教师就是教师，课堂中时刻都在引导学生习得、思考、探究、发现，让学生积极参与课堂，使每位学生都感觉是课堂的主角。总之，教学方法的运用需根据教学内容和学生的具体情况而定，在大学英语课堂中通常是多种方法并用。需要提出的是：讲授法作为一种基本的、重要的、流传已久的教法不是"以教师为中心"的代名词，大学英语教师完全可以大胆地、创造性地运用讲授法；讨论法的使用并非一定会达成"以学生为中心"，还需要周全考虑后的精心设计。教师只有秉承关注人，关注人的发展（认知心理和非认知心理的发展）才能以此"不变"理念智慧地应对"万变"情境，从而灵活地选择运用各种教法。

师生关系的真诚建构与和谐：学生融入课堂。良好的师生关系既是完成教学任务的重要保障，也是优质教学所要追求的目标之一，良好的师生关系还是创设"以学生为中心"课堂的必要条件。在有着良好师生关系的课堂中，师生成为一个整体，学生融入其中。而现实中相当多的大学英语教师不大关注师生关系，缺少构建和谐师生关系的理念和实践。本研究的问卷中有一道题是这样的："您与学生们的关系：和谐一般不理想"。选择和谐的只有大部分选了"一般"。其主要原因在于：一是教师们认识上的片面。认为作为公共课的大学英语教师，主要工作是认真完成教学任务，提高学生四、六级通过率。关注最多的是学生认知心理的发展（具体就是英语语言知识的习得，语言技能的掌握），而缺乏对学生非认知心理的关注，认为这属于辅导员、班主任的工作。不关注学生非认知心理的教师，很难建构良好的师生关系，也定不会收获高质量的教学效果，因为学生非认知心理的发展直接影响到其认知水平的提高，特别是在第二语言习得中，非认知心理因素占了。二是大班授课的影响。教师认为面对七八十甚至一百多个学生的大班，良好师生关系的构建是一件很难的事情，没有精力也没有时间去关注师生关系。其实，构建师生关系并非要花时间与每个学生一对一交流，更多取决于师生交往中教师体现出的学生观、教学观、人生观以及教师的人格魅力。所以，大班和小班良好师生关系的建立难易系数相差并不大。

良好的师生关系非常有助于大学英语课堂的组织，因此，大班授课对良好师生关系有更多的诉求，在人数众多的课堂中，学生与教师如果是泾渭分明的两部分，就不能达到主客体高水平的融合，直接导致课堂组织的涣散，大部分学生处于课堂的边缘，直接影响教与学的效果。当然，这不能只从教师和学生身上找原因，其他的许多不和谐，也是导致师生关系欠和谐的重要原因。"亲其师，信其道。"只有在大学英语课堂中真诚地构建一种民主、平等的和谐师生关系，学生才会真正融入课堂，成为课堂教学的中心。

四、大学英语知识学习及获得的目标

语言学习的直接目的是综合提升之后的交流。语言能力是交流能力的基础，但是，有了语言能力并不一定就具有了交流能力。交流包括有声和无声的交流，它既指向日常功用性的一般交流，更指向融合文化、凸显底蕴的心与心的神往。某学者提出，对学生的跨文化交流能力的培养应该被确定为外语教学的目标。在交流频繁的信息时代，大学英语教育的直接目标就是培养学生的跨文化交流能力，大学英语教师也应该是一个成功交流者的角色。教师在教育教学中体现出的成功交流者的"魅力"给学生当前及将来的交流品质潜移默化的影响。

（一）目标之一：文化交流

跨文化交流或指的是在拥有不同文化背景的人们之间进行的交流。如果交流双方都从自己的文化视角出发，整个交流事件都会被这些不同而改变。文秋芳教授提出，交流能力和跨文化能力是跨文化交流能力的两个并列部分。交流能力是指语言、语用和变通能力。而对于文化差异的敏感、容忍和处理文化差异的灵活性则是跨文化能力的体现。跨文化交流能力包含五要素：知识，（包括公共知识和个人知识）；态度和价值观；学习能力；做事的能力；对不同文化的思辨性判断能力。跨文化交流是全球化和信息化时代人们需要掌握的一项基本功，刚进入大学的学生们普遍不具备跨文化交流素养，尤其是用英语进行跨文化交流的能力很弱。整体来说，大学英语教育是为了人的发展，其中的一个重要指向是"交流"，交流能力的提升，是语言学习的直接目标。英语学习，其直接目标是指向跨文化交流。尤其在当今全球化的背景下，多元文化间的冲突和融合日益明显，作为地球村的村民"，每一个大学生尤其需要具备跨文化交流素养。因此，大学英语教育赋予了教师担任学生跨文化交流素养培育者的角色。

大学英语与高中英语要有较大的区别。高中生牢固了常用的语言点和阅读写作技能，顺利通过高考；大学生应该在此基础上，进行语言文字内部的一些解读，感悟文化的意蕴，培养文化理解、包容意识，以及积极的情感、态度、价值观等。敢于将自己置身于不同文化中，进行较好的跨文化交流，并能将体验与感悟运用于日常的学习、工作、生活之中。大学英语教育要帮助学生进行文化吸收、理解与融合—探究字里行间的文化蕴涵、交流情境。同时，也引导学生知、情、意、行等多方面的发展，以提升跨文化交流的综合素质。目前我国大学英语教学的现状表明：许多英语语言基本技能不错和大学英语四六级成绩优异的学生在实际的跨文化交流中常常出现交际不当和语用失误等现象，导致了很多的误解；大多数大学英语教师在教学中仍只注重语言基础知识的学习和单纯语言技能的训练，关注的是语言的使用是否规范、是否流畅等，而很少侧重或涉及目的语国家文化知识的传授和理解，以及对学生情感、态度、价值观等进行不同角度的引导，从而影响学生的跨文化交流能力的培养和提高。究其原因，主要是当前入学英语教学仍只强调语言知识传授，轻交际和文化内容讲授的思维定式和教学模式所致，将文化视为和语言剥离开来的知识，忽略了语言和文化教学间相辅相成的关系。还有就是大学英语教师缺乏这方面的教学理念指导，忽视了文化本身的宽泛性和复杂性，忽视了外语教学的跨文化特性。另外，多数大学英语教师自身跨文化能力较弱也是值得提出的原因之一。

（二）目标之二：心智养成

在引导学生提升跨文化交流能力的过程中，学生进一步认识到，文化是复杂的、多维度的、无所不在的，文化决定一个人的信仰、价值观和界观，决定一个人使用的语言、非语言行为和与他人的联系方式。学生们在对异域文化学习、了解、吸收、包容的同时，也能更清楚地感知本族文化，重新解读本族文化，发现本族文化的精髓，会油然而生欣赏、尊重和归属之感，从而更好地进行文化融合，顺利推进跨文化交流。同时，对不同文化的不断认识、了解、思考、接纳、包容，无疑会促进学生的心智成长。学生在学习文化时，会反思自身，反思当下的学习、生活。优秀文化对一个人的影响，其力量是难以估量的，尤其是对尚未走向心智成熟的大学生们。引导学生们对不同文化的解读、思考，发现其中的冲突与融合点，感悟其中的精华与不足，学生们内化之后的力量会显示出的效果，学生们会自觉融合两种文化的优秀，反思各自的不足，自觉地理解、欣赏和包容。学生们在提高跨文化交流能力的历程中，也提升了社交能力。虽然跨文化交流主要是指向不同国家文化背景情境中的交流。其实，我们大学英语教育要做到"收放自如"—既要让学生放眼世界，又要适时将学生的视线收回，有时需要让其更近距离更生活化地运用和感知"跨文化"交流，这是非常实际也是非常重要的一点，那就是，在学校里，让他们实践这一项交流，用本国语，甚至是用家乡话，与不同专业的同学交流、与不同院校的同学交流、系部的同学交流、与不同年级的同学交流、与不同班级、不同寝室的同学交流，或者男女朋友间的交流等等，这些交流，似乎谈不上"跨文化"，但仔细想想，其实每个人都有着其独特的文化，虽然在形式和视线的广度上，很有差别，但其中的一种态度是相同的，那就是，交流时本着学习、理解、欣赏、鉴别、包容的态度。

从广义上说，我们日常与任何人的交流都是"跨文化"的，如，不同的家庭背景、不同的区域、不同的学习工作背景、不同的生命历程，都会显现不同的文化状态，即使是一对朝夕相处的双胞胎，也会有着不同的对人或事的感悟，也有着其各自不同的文化。总之，学生们将对异域文化的理解、欣赏或包容的态度，自觉或不自觉地运用于自己的日常生活之中，一定会提升其修养，提升其生活品质，如，她不会因为室友截然不同的处世态度而气恼，也不会因为同学的偏颇言行而反目成仇，更不会因为男女朋友的不理解而悲痛欲绝，宽容、理解的态度会让其身心保持平和与协调。大学英语教育关注学生跨文化交流素养的提升，其实质就指向了学生的和谐发展。

这一历程，还培养了学生创新知识和发展自我的能力。学习语言是学习一种文化，学习文化，也是在体验不同的思维及其方式。对新的思维方式的发现、感悟和学习，无疑能够提升学生解决问题和发现问题，创生知识等的能力。我们平日与不同学科、不同学校的同学交流，都会受益于其不同的思维和异样的视角，更何况是与不同国度、不同语言使用者的交流。多学习一门语言，就多熟悉一种思维方式，思维方式影响着一个人的发展，不断创新思维方式，就是不断提升一个人的发展。其会从不同的角度和路径发展自己，或是从一个更高层级引导发展中的自己。另外的收获，也是许多大学英语教师总不离口的"牵挂"——学生的英语语言知识如何有时间提高？简单地看看：学生在诸多的比较中，查阅大量英语文献，阅读不同题材的英文资料，进行很多的无声或有声的跨文化交流实践，探究字里行间的文化蕴涵，已经在不经意中夯实了英语语言系统知识，提高了英语语言运用能力。在阅读或视听对话中增强了语感，能积极主动地对文字材料进行诸多思考，对文化现象进行比较，还犯愁过不了四六级吗？而且四六级考试原本就是一个水平测试。提升跨文化交流能力的整个历程，比目前的为学语言点而学语言点的枯燥、无生命活力的教与学要有力量、有意义得多。

（三）实现目标的方式

文化的不同，交流者固有的背景、经历与差异，会使跨文化交流非常困难，有时候甚至无法展开。跨文化交流能力是来自不同文化背景的人跨越文化交流障碍进行交流的能力，而语言运用的恰当性、准确性、地道性是交流能力的基本要素，其不仅基于语言知识和语用知识，又涉及文化知识。将外语教学与跨文化教育以及人文引导结合起来促进学生知、情、意、行的发展，并让学生在交流环境中亲身体验，是培养大学生跨文化交流能力的主要理念和方式。根据跨文化交流能力包含的五要素，我们可以初步思考培养学生该项能力的方式。其基本方面是知识习得、能力培养、思维训练和人格提升，也就是关注学生知、情、意、行几方面的发展。在认知层面，一般可采取教授要点、阅读和视听相关材料等。但是，仅仅通过授课与自学，对提升学生跨文化交际中的应变能力、处理人际关系能力、做事能力收效不会明显。因为，认知未必会发生情感和态度的变化，也不等于多种能力的获得。所以，鼓励学生与不同文化背景的人互动，如，外教或一些偶遇的旅行者，或一些模拟情境、与学生一起展开有关跨文化交流的典型案例分析，并引导学生在具体生活实际中培养自身更多其他的能力，会收获较好的效果。

具体来说，在信息化时代的今天，进行跨文化交流素养的培养，有着丰富的资源和途径。教师如果关注潜在引导与计划培养相结合，在课堂做好引导，并精心设计课后的自主或合作学习任务，一定可以取得不错的效果。日常交往、教育教学中，教师的素养、言谈举止给学生的潜在影响；学生在对文化学习、比较、分析过程中的感悟；教师有目的地计划培养，如大学一年级第一学期的习惯培养和心理引导（如培养学生微笑的习惯和自信的生成等），强化"优秀是一种习惯"的意识。第二学期以后则可以有更多的生生交往，以及多元文化交往之情境创设中的培养。比如，新视野大学英语第一册第四单元的主题，就是一个非常好的引导材料。

在课前，可以布置学生通过各种渠道并结合自己的体验，整合出在课堂中，结合合作学习小组的课前陈述，与学生一起发现：跨文化交流的顺利成功，语言能力和文化认知体验不可或缺。但仅有这两方面仍不够，具备给人留下好印象的素养同样非常重要。大家对一个人的印象既来自于其外在的显性信息也来自于其内在的隐性信息。概括起来主要有两个方面的内容：即便是初次见面的两个人，外表和内在力量都起着很重要的作用，"一见钟情"并非只是外在显性信息起作用，应该是其内在力量与外在信息结合形成的一种我们常说的"气场"，所以，"一见钟情"并非很荒谬，并非人们常指责的那样"以貌取人"。

当然，第一印象形成的准确度，与对他人的"气场"的感悟能力是非常重要的，木调的人难以在一开始就感悟到他人的内在力量（也就是我们常说的"爱的能力和感受被爱的能力""关心的能力和感悟被关心的能力"等，这样的能力在交往交流中同样重要，）。与学生探讨课文时，大部分学生往往对前两个方案不理解。也正说明了学生在这方面知识和素养的欠缺。在理解课文时，可以带着学生思考：很多人交流时，只关注与交流主题相关的实际内容，其实，在交流过程中，所有的信息（交流者的言谈举止以及内在素养所传递出的其他各种信息等）都在起着作用，所以说，交流者本人就是信息，讨论到这里时，老师可以以当下的情境为例，发言的同学和正在上课的老师自身，让学生发现：大家感受到的不仅仅是当下的显性信息，还有很多的隐性信息。

另外，在给人好印象的信息中，哪些是可以临时准备的，哪些是需要长期养成和积淀的，其实，即便一些显性信息，都是需要个人的积淀和不断发展才能透显出一种美的，没有平时的养成，哪怕再穿名牌，请再高级的化妆师，也难以达到一种和谐之美。如果一个人"言行由心声"时能传递给人一种舒适、和谐之善与美，一定会大大地作用于跨文化交流的成功。这样，水到渠成地，课堂讨论结束后，布置学生在课后，根据自己的实际，反思自己的优缺点，计划自己如何养成跨文化交流中这一重要的素养。在之后的师生交往中继续关注学生的素养、习惯之养成进展与践行的情况，并不断加深与拓展讨论，坚持四年，足以让许多学生优秀不少。培养学生跨文化交流素养，使其在面试及其他的社会交往等方面也同样非常受益。

在引导学生对本族文化和异域文化的自主学习，加深理解方面，如，中西文化的对比—中西的古代哲学思想，是影响中西文化的源头；中西方语言特点的比较等。鼓励学生关注不同文化思维和文化模式，如书面、口头，不同体裁的表达思维；与学生分析文化模式，对他们获得更深层面的文化认知，和文化理解很有帮助，在分析时，教师可以鼓励学生主动思考：发现其所呈现的文化模式，并引导作为分析者的学生，体验他人这样说或这样写时的感情、价值观和信念？学生在好奇中不断探究、比较的过程，本身也是一个多方面提升的过程。而且这些比较和发问的方法、方式，学生在日常交往中，又会自觉不白觉地运用，如在与另外一个人的交往中，比较、体验之后，就会有理解，就会将冲突化解，最后只有融合或包容、尊重。就连学生的焦虑及其他心理疾病在这种交流观念、态度的引导下，也会减少许多。

需要再次提出的一个问题是，目前的大学英语教学与高中英语大同小异，主要围绕着语音、语法和词汇展开语言教学，教学目的是培养习得者熟练掌握重要的语言点，重视语言运用的准确性，这一点无可厚非。但在此基础上，还需清楚地意识到：大学英语教育不仅仅是传授英语知识和技能，强调语法条目和词汇的讲解，片面地将英语分割成孤立的语言点。仅仅是英语语言的流畅和准确，不足以获得跨文化交流的顺利和成功。一位供职于某跨国公司的人士认为：在跨文化交流能力中，语言能力只是其中的一个方面，其份量不超过而人们对整个文化背景的熟悉与认可程度更加重要。所以，大学英语教育要注重语言所承载的文化内涵，因为语言不仅仅表现为语言形式，还有语言的意义和功能。只有融入文化和情境教学的语言教学，才能生动有趣，实现其真正意义。通过对目的语国家的风土人情、文化传统和文学历史的讲授，引导学生的对比学习与体验，才能激发学生对跨文化交流的兴趣和自觉。而导入目的语国家的文化背景知识和相关的典故、读语，解读象征目的语国家文化特征的形象标志，又能激发学生跨文化交流和理解的意识，提高学生的文化宽容性和敏感度。在语言应用中不断对比和反思目的语文化和、本土文化，可以使学生逐渐懂得语言文化规约，减少因语言使用和表述的不妥而引发的误会。

本章小结：基于智慧教育和语言学习理论，以及语言和思维、文化的关联，在大学英语教育中，知识习得的内容需强调语言与文化并重，才能达到大学英语教育内容的和谐。引导知识习得，需强调"专念"意识和"学生中心理念，并关注"认知建构探索"习得环节的个人知识生成。习得目标需指向跨文化交流能力的发展。只有这样，才能切实完善学生的知识结构，真正提高学生的英语能力，同时引导学生的智慧发展。

第四章 思维训练：大学英语教育智慧引导的关键

本章结合大学英语教育与学生思维发展的特点以及当前存在的问题，借鉴张楚廷先生的"五位一体"课程方案展开讨论。"五位一体"是一种课程设计方案，包括信息、兴趣、质疑、智慧、直觉。张楚廷先生强调，课程应当给学生"五位一体"的构成课程。大学英语课程在发展学生的思维方面，需重点关注兴趣、质疑、直觉、隐喻几点。因为兴趣是主动行为的"引子"，对学生进行思维训练，首先要考虑的是如何激发学生的兴趣，如果兴趣没有激发出来，一切的努力都可能事倍功半。人有了兴趣，才有对各类信息的自觉思考，才产生内化或质疑。可以说，兴趣是智慧得以生成的重要源泉，大学英语教育不仅要从唤起学生的兴趣入手，而且，兴趣的激发和保持要贯穿始终。质疑是创造性思维的方法和手段，质疑导致智慧的生成，直觉是智慧的一部分，隐喻不仅是一种修辞手法，而且是一种重要的认知和思维方式。所以，对学生兴趣的激发、质疑的鼓励、直觉和隐喻的发展等，需贯穿大学英语教育的全过程。

一、何为思维训练

（一）思维及思维训练

智慧思维不是老师可以提纲挈领出能让学生原原本本照抄的原则或决定，而是学生自己需主动接受、内化和掌握的。这就从一个侧面说明了智慧教育中的思维训练之重要性。思维有广义和狭义之分，广义的思维是人脑对客观现实概括的和间接的反映，它反映的是事物的本质和事物间规律性的联系，包括逻辑思维和形象思维。广义思维包括很多种类，如创新思维、直觉思维、发散思维、隐喻思维、系统化思维等。而狭义的思维专指逻辑思维。本研究中的"思维"取其广义之内涵。学生的思维训练是智慧教育的基本要素之一。大学英语教师在课堂教学中，采取创设思考性的课堂学习环境、使学生的隐性思维过程外显化，让学生明白其思维过程和方式，有助于其思维能力的进一步提升和发展。大学英语教育通过将思维训练和知识习得整合起来等改善学生的思维质量和学习成效。加强学生的思维训练，根本的目的是使学生提升思维能力，学会思维，善于思维，发展智慧。

发展学生的思维，这是智慧生成的关键，也是真正掌握英语这门语言的保障。而当前的"就英语知识而英语知识"的现状导致了一个不良的循环：机械地模仿、记忆、背诵，让学生陷入一个"低级"的学习状态，隐没了其思维的活跃，更阻碍了其智慧的生成。许多学生失去了学习的兴趣，处于"被学习"状态，这样的心理导致了一个认识，即英语学习是一件"费时间、费精力，又难以学好"的事情，无疑影响着学生的学习质量和学习幸福感。关注学生思维发展的大学英语的教与学，是一个良性的循环，其各要素是相互促进的，再加上对学生人格养成的引导，让学生的智慧自然生成，而变智慧了的学生，更会学习，更善于思考。

（二）大学英语教育中思维训练的现状

有研究表明，外语专业学生大学毕业时的思维明显低于其他专业学生的思维水平。该结果更多是因为我国外语教学不注重学生思维培养和智慧开启，外语教学内容通常是单一的语言知识传授，外语学习方法更多的是机械模仿、记忆和背诵。这样的教与学，隐没了学生的兴趣和质疑外语学习最需开发的直觉（如，语感）和隐喻思维也被忽略。教师普遍关注的和重点传授的，是英语语言知识，教材上的知识，四六级考试的知识—词汇、语法（句子结构分析，难句理解，篇章理解等）。均停留于对语言表层的"明白"，多数情况下，是能用母语说出字面意义就可以了；对句子的分析，绝大部分是从语法的角度进行，只求明白句子中的语法现象；关于篇章的理解，包括写作手法、文章大意—都是基于最表层的一种"懂得，极少从文化的角度，或从思维方式的角度，或从作者背景的角度，引导学生去探究"，为什么这样展开文章或段落，为什么运用这种句型结构，为什么选择这些词和短语，等等。当前的教学，仅仅是狭义信息的传递，对零散知识点的解说和积累，却没有多少转化成个人知识，参与心理过程的重构而获得智能的。

当然，教师还会教给学生所谓的阅读、写作、听说技巧，但却并不是真正如何掌握所学语言的技巧，而是如何做阅读、写作、听说题的技巧。学生往往非常熟练如何做题、考试，但不知道如何与英语国家人士交流，相当一部分学生学完两年大学英语，连特别节目还难以听懂，对一个常见问题的见解也难以用英文清晰表述出来。非常需要提出的是，当前的大学英语教学在隐没语言生命的同时，隐没了学生的直觉、隐喻等思维的发展。教师传授语言知识，都是确定无疑的意义阐释或语法讲解。遇到一些现象，用通常的翻译和语法解释不通时，老师们经常会说"这是固定用法，约定俗成的，记住就是了。"其实，往往这样的所谓"固定、约定"的问题，能够将学生引入英语学习的神奇之所，让学生发现英语学习的乐趣，激发其学习兴趣。比如，很多所谓的固定用法经常会有"渊源"，是什么时候固定下来的，其中包含了一个什么样的故事或事件，反映了一种怎样的文化、思想、精神；或者是否"隐喻"运用？用英文去追溯英语问题的根，这不仅是一个很好的英语学习过程，也是一个很好的人文丰富历程，探索过程中的各种"境遇"，会引发诸多的思考、联系，不也是一个极好的思维训练过程吗？也一定会引起学生的兴趣，加深对问题的掌握和触类旁通，而因此过程"既费时又不能直接作用于考试"，往往仅持就一个"固定用法，记住就行了"的消极学习观念。

教师枯燥地讲授词汇、语法的表层知识，学生没有任何问题的授受性学习，将原本充满生命活力、蕴涵丰富意义的人的语言、文化，肢解成没有任何"意味"的僵直的客体，学生的知识、思维与人格何以因此而发展？相当一部分大学英语教学，在隐没语言生命意义的同时，隐没了学生人格的发展，忽视了学生批判精神和创新思维的训练。尽管大学英语教学也讨论启发式、交互式教学，讨论学生的批判思维培养，但在实际教学中，教师们普遍目的性不强，积极性不高加之能力有限，所以其教学少有实质性的改变和提高。但是，相当一部分人提出，在大学英语教育中关注学生的思维训练，就如有些人认为的在大学英语教育中强调人文教育一样，不可理喻，因为他们认为这是将问题复杂化，是一种舍本求末的做法，他们认为思维训练和人文教育完全可以通过母语课程解决，有效得多。大学英语教学只是要教给学生英语这门语言，主要是让学生多模仿、记忆、背诵，掌握英语这门工具。所以，一直以来，思维训练在英语教学中普遍是被忽略的。因为英语教与学的特点，让学生没有了疑问，学生要做的就是机械记忆、背诵，关注的只是英语语言知识的学习，导致学生的思维水平难以提高，有研究表明，以如此方式投入大量时间学习英语的学生思维能力普遍低于其他的学生。其实，每一门课程，都需要关注学生的思维训练，只是不同的课程，在训练的视角、方法、内容上可能不一样。只有发展学生英语学习的思维方式和养成英语的思维习惯，才能让学生真正掌握英语这门语言。

二、大学英语教育中思维训练的内容

从当前大学英语教与学的现状和特点，以及学生的具体实际，笔者认为，目前大学英语教学，最需关注的是对学生兴趣的激发、质疑的鼓励、直觉的引导、隐喻的提升。

（一）学生思维兴趣的激发

兴趣对动机有决定性影响，兴趣在创造中拥有特殊的地位，可以说，没有兴趣，就无所谓创造。教师忽视学生的兴趣，也就忽视了创造教育。当前大学英语遭遇"瓶颈"期，其中的　个问题就是，许多学生，普遍感觉大学英语的枯燥、乏味、弱智，处于一种"被学习"状态，甚至产生了厌学情绪。要成为学生兴趣的引导者。教师首先需要清楚哪些是学生的兴趣源。五位一体方案中归纳了兴趣的三要点，即自身相关性、美学相关性和创造相关性。自身相关性：兴趣是课程的组成部分，而不仅仅是一个辅助物。教师需要将文本本身的兴趣和学生自身的兴趣，以及兴趣的生成性和发展性联系起来。美学相关性：美学在任何课程及课程教学中都可独特存在。教师有义务去开发这种存在，这种存在是兴趣乃至人生意义的基本源头之一。创造相关性：没有兴趣，就无所谓创造。而创造性又能激发兴趣。大学英语教师可以基于这几点引发学生的兴趣：呈现趣，发现美，创造新。

"呈现趣"主要指呈现内容之趣，呈现形式之趣。人文蕴涵丰富的英语教育本身是会让学生产生浓厚兴趣的，因为与人相关的信息是每个人都感兴趣的。只是，当前的大学英语教学不是人文性的，其工具取向忽略了"人"，代之以丧失了生命力的枯燥的词汇、语法和篇章，拥杀了兴趣。另外，学生感到信息乏味的原因，一般是信息对于其太易或太难或与之不相关。比如，高中都已经学过的语法点，在大学英语课堂仍不分难易地重点讲授和操练。再者，目前学习资源丰富、途径多样、快捷，随时可以"百度"，不像以往"对的、新的知识"只在老师心中，只有一个渠道来源，所以，最需要大学英语教师做的是指导学生通过多途径、资源、手段自主学习语言基础知识而非灌输惰性知识，课堂上最重要的是帮学生整合、补充资源、选择"所学内容"、指导学生的学习方式和思维。"学生现有知识、能力及兴趣是一切学习的出发点。"根据教育学原理，学生学习的起点是其当时的知识水平，这一观点对于激发学生的兴趣也很重要。所以我们需要根据学生的最近发展区呈现给学生难易适中、与学生相关而且是学生难以在"百度"触键可及的信息。还需注意的是，同样的信息在不同的时间、场合呈现，会有不同的效果。

发现美，是因为"爱美之心人皆有之"，"人是按美的规律构建的"。美是引导兴趣的晕基本的牵引力。大学英语教师如能自觉发现美、创造美，并引导学生去发现和创造，学生一定是对大学英语感兴趣的。大学英语教育中蕴涵很多的美，如：字母、语音、节奏之美；英文诗歌散文的言简意赅哲理之美；英语激情演讲中的句子、篇章震撼美；字里行间深藏的意境之美；英语思维散发的直入主题之美；异域文化展示的新奇之美；人类语言全释的丰富之美；教学组织、任务设计之美；师生关系、积极向上的精神之美，课堂氛围蕴涵的和谐之美等等，总之，信息、组织信息、传递信息等本身要体现美，并能引导学生发现和创造美。

关于"创造新"，"新"是激发兴趣的永恒主题。新的视角、方法、内容等通常是学生的兴趣之源，新的事物总会激发人们的兴趣。能引发学生积极的思维和创造感。要创造新，教师需要开发新的信息，或以新的方式呈现信息。而了解学生，给学生充分的自由，是前提，因为思维在最自由的状态下，才富于创造性，才能领悟到创造性信息带来的新意和创造感。教师在提问学生或进行任务设计时都要思考，是否会让学生感到有创意，是否能挑战学生。比如，给学生提出的问题，教学设计、课后任务设计，不同的设计，会让原本一样的任务产生完全不一样的效果，在课堂导入时出新，在任务设计上创新，在内容选择时求新等，都会获得更高的学生参与度。如：通读课文，归纳课文大意，这是千篇一律的任务了，没有吸引、没有创意，学生可能会为完成任务而不得不读课文；而我们换一种任务设计，如角色扮演，或故事讲述，或对作者的观点、态度进行分析，列出赞成、反驳的原因等，可能使学生因为兴趣、创造心理而去完成任务，两种完成任务的心理，后者效果更好，更有意义。又如，写作练习，无需总是命题作文或图表作文；情感态度价值观的引导不要总是局限于课文主题，可以让学生改写文章，或添加结尾，或改编故事等，再讨论；或展开辩论，在讨论、辩论中捕捉学生内心，及时进行点拨和引导。总之，让学生感觉到新意并充满挑战性，是激发学生兴趣的关键点。

通过呈现趣、发现美和创造新来激发学生的兴趣，其内涵是非常丰富的，以上讨论的仅仅是冰山一角。笔者在这里分享自己的一段随笔，从中可能解读到一些不一样的视角，希望为大学英语教学中对学生兴趣的激发有所启示：居住的小区西边有一个湖，我经常在湖边晨练。湖的周围有着木板铺就的路，湖上还有一座长廊似的木桥，湖中有一个小木屋，小木屋有门、有屋檐、四周都有"户外休闲场所"（也就是屋檐下的空地，比屋檐稍宽），都是木制的。刚看见时，总想知道它的用途，后来，发现了一群日夜生活在湖中的鸭子，知道这是鸭子们的家，经常会看到游累了的鸭子在屋檐下栖息的场景，感觉这群鸭子的幸福—有这么美的一个活动和居住的场所！几个月后，鸭子的数量开始减少，最后一只也没有了。不知道在哪一天，我无意中发现屋檐下有两个白色的东西，像是两个鸭蛋。

这是最先最快速的一个反映。由于在湖中央，我只能远观，所以不能肯定就是鸭蛋。这两个白色的物体，几个月了，一直没有任何改变，每天吸引着我，让我遐想。每次去到湖边，这两个白色的东西一定会跃入眼帘，让我驻足并用尽眼力观察，每次都有触摸的欲望，一探真相。可是距离和模糊形成的印象让我思绪飘飞：是之前的鸭子生下的蛋吗？或是什么较大的禽类来过此地？如果是之前鸭子生下的蛋，为什么主人没有捡回家呢？难道这个主人是一个非常有心之人，刻意留下两枚鸭蛋创设出湖面的一种"美"吗？给来这里的人更多的发现和遐思吗？或是这片湖区管理设计者如此精心布局，特意如此设计？给像我这样的人留下问题、好奇、遐思、趣味、新意和"谜"吗？一直在美丽地猜测各种可能，这过程，本身就很美。如果哪一天，突然有一个知情人告诉我答案，知道结果之后的我，生活中是否会少了一点什么呢？至少晨练时会缺少一个关注内容，无需去猜测了，也不会有对此的遐思了我的晨练会因此减少一个内容吗？也不一定，答案在合适时候的出现，也可能带给我另外的一种美的体验和感受。什么都有可能！这也是生活和人生吧。

联系我们的大学英语教学，是否可以不要急于将标准答案告诉学生呢？让其迷思、探索一段时间，是否更能激发兴趣呢，在经历·些后再呈现的答案是否会更印象深刻、更有意义呢？另外，也就是两枚鸭蛋（就当这两个白色物体是鸭蛋），如果在菜场、在冰箱、在……人们实在习以为常，不会多看几眼。如果被摆放在超市的文具柜台，会让人觉得不舒服、不顺眼，如果但是，这两个白色的小可爱，正好在这么适切的位置，营造了无限的美感，引发了丰富的遐思，激发了浓厚的兴趣同一事件，置于不同情境之中，给人的感觉会很不相同。湖上的小木屋，和两枚白色的小可爱，这个景状实在牵动了我。引发我的很多很多思考，发现美、感悟神秘、体验生活、思考人生。对了，甜果能够靠近，能够满足触摸的欲望，能够确定是两枚鸭蛋，可能其神秘感和美感会减少许多。—这，或许也说明了距离与美、神秘之美的力量。艺术设计的创意之力量，或许就在于此吧。那我们大学英语的教学设计的力量又何尝不是如此呢？我还很想去问问同样每天在湖边晨练的其他人，他们是否和我有同样的感受呢？不过，我得先有这样的思想：同样的景，对于不同的人，意义是不一样的。同样的东西，置于不同的地方或者以不同的方式呈现，效果是不一样的，或许完全相反。同样的信息在不同的时间、场合呈现，会有不同的效果。此外，基于专念的教学永远会比潜念状态下的教学让学生感兴趣。要让学生发现美、产生兴趣和创意，教师需要创新理念，消除功利思想，提升人文情怀，加强自身对趣味点、美点、新意的发现和创生能力。

（二）学生质疑能力的提升

巴尔扎克有句名言：打开一切科学的钢匙毫无异议的是问号，我们大部分的伟大发现应归功于"如何"，而生活的智慧大概就在于逢事都问个"为什么"。"向人们质疑，就是求知之道，自己在内心思索道理，就是启发智慧之本。"质疑是创造性思维的方法和手段。质疑是一种品质、一种思维方式，更是探索的起点和创新的前提，是生成智慧的重要途径。质疑能力，主要是指首先敢于向权威质疑包括教师和书本知识，其次是乐于发现和提出问题，以及能够发现和提出问题。质疑能力是优秀人才尤其是创造型人才不可缺少的素质[1]。五方案中提到，质疑具有相伴性、本体性、开放性—教育实施的整个过程，质疑都是不可或缺的。学习提问是学问的组成部分，教学包括引导和培养学生的发问、质疑。教师留给学生思考的问题，更多应是开放性的，而非总是指向标准答案的收敛性问题。质疑使教育获得开放性，教育的真谛是使学生处在质疑之中。

而当前大学英语教育最缺乏的，应该是对学生质疑精神的引导。教师带给学生的绝大部分都是确定性的知识，学生则机械模仿、记忆，毫无质疑的意识和空间。如，呈现给学生语音、词汇、语法、结构等语言知识，传授给学生听说读写译的技能，关注稍微多一些的教师可能会给学生讲述文化、交流等的知识，然后就是学生的记忆、模仿、背诵等机械练习，再加之很多的英语考试，客观题往往占了百分之七十或更多。中小学英语是这样，大学英语还是这样。没有了质疑的条件，学生的质疑意识难以生长，质疑能力无法培养。教育教学中，对确定性、逻辑性和绝对性的过分依赖会导致消极影响。歌德曾说过，人们的怀疑会随着知识的增长而增长，只有在知识很少的时候，人们才有所谓的准确知识。笔者认为，歌德这里所指的"知识"是"个人知识"。按理来说，经过了十多年的英语学习，大学生们的英语知识积累已经不少，但是，却少有质疑意识和能力，结合歌德所言，也说明了，学生们积累的知识，并未转化成个人知识"，不能灵活运用，所以，还是可以说，大学生们的英语知识是贫乏的。

教师们需要帮助学生建构知识体系，促进个人知识生成，引导学生不断地质疑，才能

---

① 吴艳．为质疑而教—中美课堂教学的比较及其思考 [J]．外国中小学教育，2021（05）：57-61.

帮助他们转识成智。引导学生的质疑，需置于教育教学的整个过程。在大学英语教学中，教学目标的适切度，教师教学的语言、内容的难易度，以及提问的技巧、教师的反馈话语、教学氛围、教学评估，还有教师等待的时间（如果问题抛出后，习惯性给学生的时间太少，不利于对学生质疑的鼓励等都有可能引导学生的质疑或泯灭学生的发问。关于教学目标的适切度，简单地说，就是教学目标的合理性，以及其难易程度的适中。因为课堂的所有内容与活动都是围绕教学目标进行，即所有的教学设计都是指向教学标。如果教学标的设定不科学，教师仅凭自己的经验、感悟，参照教参而定，未对教学对象进行前测了解，常常会导致教学目标的泛化或者窄化。如果教学目标过难或过易，会影响对学生的兴趣激发，影响对学生质疑的引导，反过来，也会影响教学目标的有效达成，因为，对学生质疑的引导既是教学目标的组成部分，学生的积极质疑又是使教学目标有效达成的不可或缺的途径。关于教学内容的精选和教学目标的确定，变易理论和课堂学习研究，实践给我们提供很好的指导。

教师教学的语言、反馈的话语以及评估，的确是一种艺术，其可以使得学生们踊跃提问和分享，也可能会使得课堂一片沉闷，甚至让学生"不安和反感"。所以，教师的语言要力求准确清晰，语速要适合学生的思考，语言的抑扬顿挫和轻重缓急本身就会激发学生的灵感与对知识的探究意识。然而，笔者对听过的约节大学英语课，很有感触，虽然有少数教师做得很好，但是，作为语言教师，相当多的大学英语教师自身的语言水平急需要大幅度地提升，有些教师教学语速过快，学生根本没有思考的余地；有些教师，给学生的反馈和对事件的评估很生硬，没有细致考虑如何反馈和评估既达到效果又保护了学生的敏感心灵、学习的热情和积极性等，或者可以说，缺乏反馈和评估艺术的教师在这方面根本就没有一种好的理念。如果连学生的学习热情和积极性都没有保护好，又何从谈引导学生的质疑呢？而教师提问的技巧，对学生质疑意识和能力培养有着直接的影响。教师所提的问题广度、深度和巧妙性，其实暗含了教师自身的质疑能力。

教师是学生的榜样，在方方面面影响着学生。有研究将提出的问题水平进行了分级，即初级、中级和高级。教师提问的水平和艺术，无疑影响着学生思维的广度和深度。还有，教师提问后的等待时间也很重要，目前，教师们生怕知识点讲不完，虽然有启发式问题，但缺乏等待的耐心，没有给学生思考的时间。很多时候，问题提出没几秒钟，学生还没反应过来，教师就迫不及待地将自己预设的"答案"都暗示出来了。也就是因为担心"课讲不完"，普遍状况是教师提出问题，少有让学生提出问题的。而学生的"被动回答"和"积极提问"对思维的训练是完全不一样的。还想提出的是，"课讲不完"中的"课"到底只包括什么呢？难道学生们提出质疑、分享自己的见解不属于"课"的内容吗？答案是，不仅属于，而且是课堂内容的重要组成。既然问题有初、中、高级之分，我们在引导学生的发问时，需循序渐进。要关注学生质疑能力培养的渐进性。首先，鼓励一切问题的提出，也就是说，在初级阶段，只要学生能在课堂上积极提出问题，就要给予肯定和鼓励，重在培养学生的问题意识；其次，学生们养成了发问习惯，具备了一定的问题能力之后，就要引导学生所提问题的深广度。也就是说，最开始，学生只要能开口说出问题，就需要给予鼓励，逐渐地，我们在继续鼓励初级问题时，重点肯定中级和高级问题，可以将学生设计的问题一步一步地引向高水平。精彩的提问透显着学生更强的质疑意识和能力。

这里的"一步一步"既指学生提问能力随着时间推移的进步，也指同一时空中不同问题的逐层深化。比如，在学习新视野大学英语第四册第二单元的课文时，平常很怕提问的学生提出一个问题，这个问题可以是问一个单词的解释，或者是一个句子的表达。思维稍微活跃的学生，会提出问题，说明学生不仅仅是在学习英语语言知识，其在运用英语获取信息并对相关问题进行积极主动思考，而教师对这个问题的积极评估和反馈，会引导学生质疑意识和能力的进一步加强。而且，适切地引导学生对这个问题的共同讨论，不仅让学生加深对篇章的理解，同时，让学生们在具体生动的事例中感悟英国文化与他国文化的不同。学生的提问受到鼓励和肯定，并获得比料想的更好的结果时（不仅仅获得一个所谓的答案，而且引发了更多的问题共同探究），学生们会逐渐养成思考、提问的习惯，如自问自答、小组讨论、课堂发问等等。

我们大学英语教学可以更注重引导学生独立思考和创造力的生成，少一些按部就班，不要让学生将相当多的时间浪费在机械记忆上。让引导学生思考、鼓励学生随时提问成为教学习惯。

（三）学生语言直觉的培育

直觉是不经过逻辑、不经过有意识的推理而识别或了解事物的能力。直觉包含认知、情感和行为等成分。直觉是一种普遍的生命存在，它不仅是走进生命深处的工具和方法，而且是生命本身的重要内容。直觉意味着文本理解的多样性；直觉能把握语言无法把握的东西；直觉可以使学生的天分得到充分发挥气正如科拉柯夫斯基在评价柏格森的直觉主义时所说，保持直觉的活力对人类来说是至关重要的。"直觉能力是人的心理能力高度发展的表现。"所以说直觉是智慧的一部分，而且是非常重要的一部分。直觉是人文的强项，作为人文学科的大学英语课程本可以大力发展学生的直觉，如通过培养语言直觉而促进直觉多方位的发展。而当前的大学英语教与学，则隐没了语言直觉。语言直觉，即语感，是在长期语言实践中逐渐自然形成,语感能力也是一种语言能力是人们语言素质的直接反映，是语言习得中非常重要的一种能力。学生有了外语语感，有了外语思维的能力，就能有效地使用语言进行交际。这样，听说读写就建立在外语语感和外语思维的基础上，超越了对语言体系分析和本族语翻译的依赖。

例如阅读，只有当学生不从语法和词汇分析，不经译成本族语而直接抓住外语言语的思想内容时，才算得上是真正的阅读。这时读者的意识不是集中于言语体系，而是集中于言语的思想内容。因此，阅读的速度快、效果好。口语也是这样，在口头交际中，我们不是从分析语言体系到翻译，再理解别人的思想；也不是从本族语思维翻译到外语，再有意识地组织外语表达自己的思想。是在语感的帮助下，直接理解、直接表达，直觉地感知话语和创造话语。然而，现实情况却是，不论是阅读还是写作，或是口头表达和听力，学生一般都会先从词汇和语法方面进行分析。相当一部分学生即使在快速阅读训练时或限时作文时，都免不了查词，因为遇到生词不认识，或写作时很多意思不知道用英文怎么说，这样普遍的单词中心或语法中心现象，说明了学生们语言直觉和英语思维的欠缺，影响了学生的篇章意识，以及在特定情境中对语言的感知力，也降低了学生的英语学习效能和积极性。外语思维和外语语感是外语言语能力的最高表现，它是学习外语的较高境界，也是语言和言语高度统一的结果。有了外语语感和外语思维的能力，学生就能有效地使用语言进行较顺畅的交际。

语言直觉能力的提升，能引发学生语言学习的兴趣，提高学习的信心，减轻语言学习的压力，增强学习的成就感。学生的英语语感在其学习英语的过程中应该逐渐得以培养，培养学生的语感是英语教师教学的重要任务之一。语言体系的知识可以帮助语感的形成。熟悉语言体系特点的学生般容易形成语感，但言语实践是培养语感的决定因素小说是生活体验的文字再现，其中的语言和语境信息密集，学生可以利用好这一有效学习资源，增加语言和语境体验，培养外语语感。值得提出的是，学生无需过于注重语法知识，更重要的是在语篇中理解词句意思、关注词语的固定搭配和语法，在语言和非语言因素的互动中培养语感。

研究表明，更重语法词汇的外语教学不如更重意义理解的外语教学效果明显。其实，外语体验和语感对掌握一门外语十分重要。当然，在有充分的语言体验之后进一步掌握一些基本的语法知识，则可帮助学生归纳语言体验，整理学习成果。二者相辅相成。而当前的英语教学却过于强调语法和所谓的解题逻辑，任何一个语言现象，都从词汇和语法上去分析，学生主要是运用语法知识和归纳山来的答题技巧来解题，这种备考的思维模式影响着其日常的英语学习。由于功利意识，完全忽略对学生语感的培养和开发，也忽略了学生语感的重要功用。比如，一个就读于本市重点初中的孩子，初二之前，她在英语学习上花费的时间很少，学得非常轻松、快乐，经常性地读一读（有声或无声、课本或英文简易读物）、听一听，或者中英夹杂地说话、与外教聊天、写英文日记，不仅考试总拿高分，而且对英语语言的灵活运用也很不错，笔者感觉其英语语言能力比较强，也认为这是在真正习得语言。进入初三，突然有一天发现了她记得满满的一个语法笔记本，才知道为什么偶尔和我探讨一个英语句子，会将一套一套的语法摆出来，发现其现在表达和做题，都会有意识地用语法条条来框住。说英语或写英语总从语法规定出发，从逻辑理性出发，随即就发现了这样的现象：日常的英语谈话减少了，讲英语时也没有以往那般反应快速，总是琢磨一阵才说出来。的确，这样一来，语法错误倒是少了很多，但是语言的地道程度和语言直觉似乎弱了不少。其英语老师认为，备考必须狠抓语法，如果考试做题时凭借语感，就太"冒险"了。初三如此，还经历三年高中备战完高考的大学生们，反复、机械地"纠错、语法、练题，已经少存英语语感了，到了大学，都已习惯了这种"应试"英语学习方式的学生更生疏了重要的一种能力——语言直觉能力。其实，为了帮助孩子们更好把握英语语言及准备中、高考，适当地讲语法是必要的，但是，语言学习不能过于引导孩子钻研语法和逻辑，而忽略语感。这样，不仅隐没语言直觉，而且影响更多的思维发展，只会让学生们学得累而无生机。发展语言直觉，在外语学习中，任何时候都应受到鼓励和重视。

在大学英语教学中，发展学生的语感，教师需创造条件鼓励学生的言语实践，而非总是机械记忆和练题。教师可引导学生的多途径、多资源、多方法学习英语的习惯和能力。让学生以不同的方式、在不同的地方与英语邂逅，鼓励学生用英语获取信息（读、听）、传递信息（说、写、译），让学生感兴趣起来，轻松起来。比如，教师可适当进行名著导读，鼓励学生选读名著。引导学生浏览英文报刊、杂志和知名网站的信息；收听经典的英文节目，并布置学生快速写英文日记，这里的快速是指不经过翻译的英语的自然表达；鼓励学生用英语进行交流等等。学生们在学习课本的同时，接触并运用丰富的鲜活的英语，无疑增强其语感。差不多一个学期下来，坚持快速写英文日记的学生，让他们写十多句英文来阐明其对一个问题的看法，进展会比较顺利，不会受困于怎么写单词、用怎样的句法结构等问题。而经常练习听说的学生，在两三分钟的口头陈述中会比较自然流畅。说明，这些练习的结果，提高了学生的语言能力，是很好的提升语感的策略。但如果给学生的课后任务是练习四级真题或模拟题等，则效果会完全不同，当然不排除，后者让学生巩固基础，更会做题。但在比较灵活的英文测试中，获胜者往往会是前一种方式引导下的学生。

大学英语教学中，学生英语语感的发展需要教师的鼓励、引导，从心理的引导很重要，教师从教法和学法上的无形引导和示范同样要，如果语言课程就是讲授枯燥的语言点，分析考点，寻找应试技巧，带着功利的心理将富有生命活力的、与人息息相关的语言当成一个冰冷的客体进行肢解后让学生强记一些零碎的东西，不仅难以发展学生英语语言直觉能力和思维，而且会逐渐隐没学生的语言直觉。诚然，大学英语教育不只是关注学生的语言直觉，应该以发展学生的语感为突破口，引导学生直觉的全方面发展，提升整体直觉思维，即凭借直觉而进行的快速直感、顿悟性的思维。大学英语教师要重新审视直觉的价值，理解直觉体验的普遍性，感悟生命的冲动，在教育过程中激发、尊重学生的好奇心，捕捉学生的兴趣点，拓展学生的视野，发现学生的探究精神，引导学生愉快的直觉体验。使学生敢于创造，乐于创造，善于创造，提高创新能力。使学生通过心灵的体验来把握生命，理解生命，发展生命，使生命的活力充分展现出来，获得美好的生命的过程。此外，关注学生隐喻能力的培养是发展直觉的极好途径。告然，对学生隐喻能力的培养，其作用不仅仅在于发展学生的直觉。

（四）学生隐喻能力的发展

隐喻不仅是一种修辞手法，更是一种重要的认知和思维方式，一个成功的隐喻是一种连接语言和思维的典型的认知过程，其蕴涵着丰富的想像与活跃的创新思维，是一种思想创造。隐喻是学生了解目的语文化以及认知与思维方式的一个重要手段，是人类认识世界的强大工具。"隐喻能力"最早由坡利欧和史密斯提出，丹尼斯首次将这一概念引入第二语言习得研究领域。丹尼斯认为隐喻能力指的是讲话和写作过程中辨认和使用新隐喻的能力。利托莫指出，隐喻能力是一种松散类推和发散性思维的心理过程，隐喻类推需要把各种信息进行比较，通过发散思维、想象找出两种事物的相似之处。其具体从四个方面对隐喻能力进行了说明：即"原创"新隐喻的能力；理解一个隐喻多层含义的能力；理解新隐喻的能力和轻松、准确、及时理解隐喻的能力。王寅指出，隐喻能力即人们理解隐喻、解释隐喻有效性、在特定的语境中生成恰当的隐喻，以及评价隐喻表达是否恰当的能力，其既包括能够识别、理解和创建跨概念域类比联系的能力，也包括能够创造性使用隐喻的能力和丰富的想象力与活跃的创新思维的能力。[①]

英语中蕴含着丰富的隐喻，而当前多数大学英语教学完全忽略了学生隐喻意识和能力的培养。外语教学中，发展学生隐喻能力的重要性越来越被语言学家和外语教育研究者强调，巴克曼将比喻处理能力列入到语言能力的结构框架中。在大学英语教学中，培养学生的英语隐喻能力，不仅可以让他们更好地理解、把握隐喻语言，也是学生感悟目的语文化和思维方式的重要途径，因此，学生隐喻能力的发展最直接的效果就是，能促进其语言能力的提高。当然，更重要的是隐喻能力的发展让人更具想象和创造，促进学生智慧的生成。那么，大学英语教学中如何发展学生的隐喻能力呢？

1. 引导学生的隐喻认知和兴趣

隐喻的实质是通过某种事物来认知、体验另一类事物。有研究表明，在人们的语言中完全不含隐喻的句子是很少的。人们的日常生活中充满了隐喻，不仅在语言中，在思想和行为中也蕴涵丰富。只是人们对许多隐喻言行、思维习以为常，已经感觉不到其隐喻性。教师可以让学生们有意识地发现隐喻，并造出含有隐喻的句子，引导学生们有意关注其隐喻性，并组织学生讨论同一观点，用隐喻表达和不用隐喻表达的异同。如，在教师的引导下，学生们会创造出或引用很多的隐喻句子，教师可以让学生讨论这些句子的意思，从解读开始。例如，"garden"这个词在情感上给人的感觉一般不会是消极的，而是美的、好的，

① 王寅，李宏. 语言能力、交际能力、隐喻能力"三合一"教学观—当代隐喻认知理论在外语教学中的应用[J]. 四川外语学院学报，2014（06）：140-143.

学生们会以自己的理解阐释多种积极涵义，发现隐喻的创造性释义。如：她的脸上洋溢着笑容；她很快乐；她很灿烂；她很惹人爱因为花园会让人联想到美、灿烂、快乐、心生喜爱等等。而"There is a smile on her face"不会给人如此丰富的联想。又如，"sweet"让人想到糖果，令人喜欢，可以理解很甜美，是一个令人喜欢的人。如此与学生一起讨论和探究，不仅能以非常朴素的方式让学生认知隐喻的内涵和作用，也会自然地让学生对隐喻产生兴趣。同时，也激发了学生对英语语言的兴趣，会自觉地去发现、思考英语中的隐喻，并创生隐喻，而隐喻又与其特定的文化息息相关，使得学生们在学习英语隐喻的同时熟悉目的语文化。简言之，学生对隐喻的兴趣会影响学生对英语学习的兴趣，从而形成一种学习和思考的自觉，促使智慧的生成，无疑形成一种良性循环。

2. 培养学生的隐喻能力

在学生们对隐喻有一定的认知和兴趣之后，教师们就可以引导学生进入建构和探索阶段，帮助学生在隐喻学习方面的系统建构，对培养隐喻能力很重要。如，教师可以用示例法让学生发现，英语中的多义词是词汇意义由中心意义向边缘意义扩展而成，并且词义抽象程度会随着词义范畴的扩大而增高。多义词的词汇意义之间普遍有着一种内在的隐喻性联系。如"race"这个再简单不过了的词，却意义丰富，其基本义是"种族"，引申义有"比赛"的意思，如果没有教师的点拨，学生只会机械地记忆其多种意思，而不懂"种族"和"比赛"间的联系。如此的机械记忆不仅让学生身心疲倦，而且效果不好，思维难以提升。而充满联想和比较的记忆，是积极的，是其乐无穷的，不仅提高学习效率，而且灵活思维。

如，学生们常会用到"surf the internet"，但较少会关注到其隐喻性，如果教师稍微提问"冲浪运动和上网的关联"，学生们很快会明白"surf"隐喻的创造性，联想到冲浪和上网"刺激、自由、新奇"等的共有特性。学生认识到英语语言中隐喻的系统性，从而生成一种对英语词汇的网络型认知模式这样会避免缺乏理解的机械记忆。教师们还可以与学生一起讨论隐喻的特点，比如，风趣、睿智、充满诗意、激发联想、富有哲理等。学生们会逐渐明白，隐喻既含信息功能，又含美学功能。被隐喻事物的模糊性和不确定性透显了隐喻语言的诗性，在带给人美感的同时，让人产生更多的联想。学生们在发现隐喻特点的基础上，会感悟隐喻的功能和意义，从而进一步提升学习兴趣。笔者在与学生一起研讨隐喻两次之后，中文专业一个合作学习小组的组长在课间告诉我："有人用这样一个隐喻道出了隐喻的重要性，我们觉得实在太妙了。语言的根扎在隐喻上，植于生活的诗性土壤中。隐喻成为维系人与自然存在的媒介。对隐喻的学习和讨论，让我们的合作学习生动了许多，大家主动收集了不少含有隐喻的谚语、名言等，我们组的英语学习积极性提高了不少。而且，我们虽然是中文专业，但一直只将隐喻作为一种修辞来对待。"这个案例对笔者触动很大，在老师还没有布置学生讨论隐喻的功能和意义时，居然学生们自己主动探究隐喻，并主动与老师分享。让原本感觉英语令人头疼的学生，思维活跃起来了，这一结果的功用远远超过了隐喻学习本身。所以，关注学生隐喻意识和能力的培养，对于大学英语教学来说，是非常有帮助的，能达到事半功倍的效果。

对学生隐喻意识和能力的培养，并非一定要进行专题的隐喻讲座，只要教师们有这一理念，对隐喻的学习和讨论会出现在英语教与学的全过程。比如，词汇和文化学习与学生隐喻能力的培养之关联性就很大。英语中的隐喻蕴涵明显的英美文化特征，能很好地帮助学生的英美文化习得，而对英美文化的进一步了解，又促进隐喻能力的提升。例如，因为英国是一个四面环海的岛国，气候温润，植被良好，英国人喜欢航海和放牧，所以英文中有很多与船上生活、牧羊生活和一些与自然环境相关充满隐喻的习语和谚语，而汉语中的许多隐喻则反映了我们作为农业国的特点。隐喻斩草不除根，逢春必要生。""一份耕耘，一份收获""不耕不种，终身落空。""人怕出名，猪怕壮。"以及"瓜熟蒂落、顺藤摸瓜、水到渠成、种瓜得瓜、种豆得豆"等透显着乡土气息，是我国农民世代务农或做人的经验总结表现了他们勤劳朴素的品质。

简言之，学生隐喻能力的提高，促进学生的词汇和文化学习，而学生对词汇和文化的更多理解和感悟，又提高其隐喻能力。比如，每个民族都有很经典的谚语，许多谚语本身就是一个个的隐喻，谚语往往蕴含着丰富的当地文化。另外，隐喻意识和能力会促进学生对作者的解读，加深其对篇章的理解和把握。马克伦南认为"如果让英语学习者明白语言扩展和认知发展等隐喻在学习过程中的作用，那么学习者便可以将之用来辨认理解语法和词汇中的隐喻模式"。笔者的学生，一个学期下来，一些合作学习小组会有类似这样的关于隐喻学习的总结：语言中不能缺少隐喻；隐喻涉及名词性、动词性、形容词性、副词性等句法结构，而最常见的是名词性句法结构；隐喻有修饰作用，也有语言学功能。隐喻可以是词汇、句子、语篇。能够进行这一程度总结的学生，已经进入了英语隐喻的探索阶段，开始创生较为漂亮的隐喻了。学生在对隐喻的正确识别基础之上，进行自如运用，灵活创生，这一过程，不仅让学生进一步感知目的语文化、思维和词句的丰富蕴涵，提升了语言能力；还让学生在感悟隐喻语言的哲理和欣赏其诗性时，增强对语言的好奇心、浓厚对语言学习的兴趣；尤其丰富了学生的想象力、活跃了学生的创新思维，而且，对两种相似事物的感知让其拥有更敏感的心灵和敏锐的洞察力，这些发展与获得，不仅仅作用于学生的英语学习本身，更促使学生智慧的生成。

隐喻理论为大学英语教育提供了新的视角和途径。它指导我们从新的角度来研究英语教育。德国哲学家卡西尔曾说过语言拥有着两种权力，即"逻辑的权力"和"隐喻的权力。在人文知识系统里，"隐喻的权力"与"逻辑征服"不相关联，它是一种需受到充分尊重和得到妥善运用的权力，是一种本源性权力，且经久不衰。"隐喻的权力"既是人文引领教育的语言权力，也是教育中的人性权力。隐喻在人文引领的教育中具有不可替代的功能和地位。在当前背景下，大学英语教育要走向有效而人性的教育就需要通过教育的隐喻融入隐喻的人文世界。

兴趣和质疑不是智慧本身，但二者是导向智慧的重要元素，直觉属于智慧的一部分，语言直觉即语感，是外语学习者不可或缺的能力；隐喻不仅是一种修辞，更是一种思维和认知方式，直接指向智慧的生成。兴趣、质疑、直觉、隐喻发展学生语言学习思维的同时，激发了学生的"乐学善思，让学生走向智慧。对学生兴趣的激发、质疑的鼓励、直觉和隐喻的发展，需贯穿大学英语教育的全过程。

三、大学英语教育中思维训练的方式

学生思维方式的形成并非一蹴而就，而是需要一定的思维训练方式。而大学英语教育中对学生的思维训练实际上是一种教学方法的选择和适用。以张士一、林语堂为代表的我国首批外语教育家们很早就开始了对英语思维训练教学法的探索。而世界领域内的几次教育教学理论与实验教学浪潮的涌动更是淋漓尽致地体现在了我国历次课程与教学改革当中，并对我国的英语教学生了深刻的影响。正是基于这样的历史渊源与实践基础，我国部分外语教育家们不满足于对外来外语教学法的拿来与取用，也没有止步于对这些异域教学法的运用与改造，而是从我国文化大背景出发，批判性扬弃我国传统的教学思想，在理论探索与实践教学中致力于寻找与建构我国自己的英语思维训练教学法。

（一）科学反思

一种教学方法的形成往往具有特定的现实背景。人们在教学活动中，如果发现原有教学方法已经不适应教学的现实需要，审视到教学方法的不足，就会激发对原有教学方式的反思。在英语教学中，教学者如果发现英语教学方式及方法较为陈旧，已经不适应英语教育的发展，就会激发其对适合我国英语教学实际的本土教学方法的探索。下面结合我国英语教学中的四种主要的英语教学法的形成来看英语教学法形成路径的反思。

十六字外语教学法首先针对当时的外语教学进行了反思与批判。我国基础教育阶段的课程与教学正进入建国后的第一个自主探索时期。外语教学相对其他学科的教学更为复杂。张思中对送些脱离我国教学 ± 壤和教学实际的做法进行了专口性的探析。他在 20 世纪 80 年代就成立了外语教学法研究所，研究中国外语教学为旨向，对我国当时的外语教学做了深入的反思。[①]

外语立体化教学法也建立在对英语教学的反思与批判上。与十六字外语教学法主要指向现行外语教学实际的反思与批判不同，外语立体化教学法的创建者张正东老师主要是基于他自身特殊的外语学习和教授经历及后来对外语教学法理论的专口性审视与反思。首先，

---

① 张思中. 张思中外语教学法概述 [N]. 人民教育，1999（02）.

张正东早年曾在学校学习英语和俄语两种语言。据他在《英语教育自选集》的回忆，当时《纳氏文法》和林语堂的英文文法书都对他影响很大，而教师们主要基于机械式模仿的直接法和背诵式学习利弊皆具。老师们教条式采用直接法僵硬教学带来了张正东英语学习的受挫，他第一次英文期末考试就不及格。另一方面，对一些文法书籍和经典课文的背诵却也为他后续的学习打下良巧的基础，而且英语学习期间他还阅读了一些中英版的小说如《悲惨世界》等，这让他体会到了情感因素与文学作品一起给外语学习带来的好处。20 世纪 40 年代后期，张正东还曾学习俄语，由于当时教学质量参差不齐，俄语老师的古板与教材的乏味，迫使张正东只能借用中学英语学习的经历。后来，张正东在英语教学中就将这些感受和经历带进课堂。他反思自己的学习经历，认为无论英语还是俄语的学习都需要有必不可少的基础知识如词汇、语法等的积累。而原版书籍及可能的与目的语国家的人一起学习生活更是外语学习的实践之所。他还从自己运用中国歌曲编创俄语语法歌的俄语教学经历受到启发，认为外语学习一定要立于中国国情。只有使用吻合我国教学特点的方法方可将外语学习自然融入脑海，从而事半功倍。

改革开放后，张正东所在西南师范学院不仅需要专业的英语教学法研究人才，还需要能将谋堂教学与师范生实际实习结合起来的教学者。张正东开始了对外语教学法的专口性研究。长期的研究和实地教学，加上在带学生实习过程中逐渐了解到的基础阶段我国英语教学的现状，张正东逐渐萌发了自创一种中国特色的英语教学法的念头。其次，张正东教授还对国内外外语教学法的理论研究进行了深入反思。张正东指出国外外语教学法的形成与发展有他们独特的背景和需求，反映了当时语言学、也理学等理论研究的成果，但逸些成果不一定完全适合我们的外语教学。我国的外语教学法研究不能照搬照用，我们不但必须了解母语与目的语背后的文化基因的差异，还必须慎重考虑英语作为二语与作为外语的区别。这些源于对语言、文化、学习者、环境等层面的反思为立体化教学法的形成起到了启示作用。

英语三位一体教学法首先源自马承老师在普通中学教学过程中的教学反思。早年，马承老师曾有过在最好的重点中学和条件最差的中学任教的不同经历。对英语教学的热爱使他迫切地希望能用好的成绩证明自己无论在什么学校都能干出一番成绩。但是即便采取了认真备课、夯实理论、用也教学、耗时补课等措施，马老师的教学成效却不如意。后来，通过听课、学习等手段，马老师对当时的外语教学有了自己的思索。正是基于不断的反思，英语四位一体教学法逐步成型。

英语四位一体教学法的建立也是源自包天仁老师在中学的英语教学经历及对当时以考试为取向的英语教学的反思。1975 年，毕业于吉林省四平师范学院（现吉林师范大学）英语系的包天仁被分配到吉林通化甚第毛中学（一所乡镇中学）担任英语教师。在教学条件简陋、学生基础很差的情形下，包老师腔勤奋进取，费尽也力，加班加点的备课、授课、补谏，甚至建假期和过年都要将学生请到家里补课。但是，遗憾的是，包老师送种殚精竭虑的教学不但没有收到很大的教学效果，还招致了其他任课教师、学生及家长的埋怨。显然，包老师最巧阶段的英语教学没有达到他预期的目的，到底问题出在哪里？包老师开始严肃的反思自己过去几年的教学。当时的中国刚刚从文化大革命的摧残中走出来，英语教学百废待兴，人们争先恐后想赶上恢复高考的班车，因此，两年制的离中英语教学基本就以高考复习为主。包天仁老师也不例外，在教学中进行教学，即抢进度多上课、抢时间要求学生多背书、抢资料进行题海战术。如此下来，一部分学习者（初中学过英语的学习者及有学习能力的学习者）在这种应试集训下，分数相对有提高，但还有一部分学习者（这部分学习者很多在初中都没有学过英语，没有进行过系统基础学习）却根本赶不上进度，两极分化现象十分严重。无疑，问题就出在题海战术上。当时特殊的教学大环境不可改变，考试还是要考，分数还是要提高，因此，最主要的应该是改变为考试准备的学习方式和方法。于是，找到一种更有效、更快乐、更系统的英语复习方法便成为包老师创发一种新的教学方法的开端探索。一种基于新谏学习和内容复习的整体教学思路逐渐在包老师也中形成。[①]

综上所述，英语教学法并非一激而就。虽然每一种教学法都是针对自身的教学或研究而展开，但反思我国整体的外语教学和具体的课堂教学是他们共同的特点。对外语教学法理论与实践的反思是后续理性思考的基础。

（二）理性思考

理性思考是英语教学法形成路径上的必要一环。理性思考意指教学法研究者在对周遭的教学现象与实况进行反思与批判后开始尝试从理性的角度思考开创一种新的教学法的可能，并着手对这一种新的教学法从理论基础与实验模式上作初步的假设建构。送是从感性的教学认知走向理性的教学研究的必经之路。本土英语教学法的形成之路同样包含了教学法首创者们的理性思考。

十六字外语教学法的首创者张思中老师对教学现状从理性的角度进行了思考。他认为，同为语言教学，作为母语的汉语与作为外语的英语在语言内部结构和外部表达上并非截然不同，我们不应该只聚焦于两种语言差异的比较而忘却母语对外语学习的积极影响。同时，作为一种外语教学，其工具性与实用性一直是现实教学的呼唤。这就要求我们在外语教学中有活用各种生活语言材料的能力。张思中还特别对外语教学的主体—学习者做了一番考察与分析。他认为基础教育阶段的外语教学指向的是"身心都在不断发展完善的青少年"。学生们对于一种外语的学习同比其他科目的学习有不同的体验和感受。如果不了解学习者的也理特点，外语教学将无从谈起。正是在上述对教学法的初步理性思考下，张思中在教学中大胆创新，根据学生的潜力和需求，借用我国传统复式教学方式和"祁建华

---

① 张化. 廿十年风雨见彩虹—记英语"四位一体"教学法 [J]. 基础外语教学与研究，2006（09）：11-17，

速成识字法"，采取集中识词、原版补充、翻译练习等方法开始尝试建构一种真正源自中国本土教学实践的教学法。其中，祁建华速成识字法体现了我国传统语文教学思想的精华，该法依照由简到繁、由易到难的顺序将两千多个汉字进行集中教授并通过多种多样的方法学致用，帮助学习者又快又好的记住单词。建立词库，形成汉语学习的基础。张思中也开始思考外语中的词汇学习能否做集中处理？而如何将枯燥单调的语言词汇学习变成一件快乐的事情同样至关重要。张思中思索从学习者本身出发，认为学习主体身也的愉悦是外语教学的诱因。张思中逐渐从语言学、也理学和我国传统教学思想等方面进行了理性思考并开始尝试建构自己的教学法体系。

外语立体化教学法是四种具体的本土英语教学法中理论色彩最为浓厚的一种。通过不断研读比较国内外各种也理学、语言学、教育学专著，到各地中学蹲点听课等方式，张正东意识到中国的外语教学法研究如果按照前苏联和西方的概念来研究，只能和外国人打堆，最多做一名宣传者或助手，做得再好，也只能拿着天马的尾巴在上空飘荡；而按当时国内基于普通教育学理念的教材教法概念研究外语教学法，只能跟在中学教师后面跑。因此，他决定把教学法研究的立脚点放在中国外语教育上，把发展方向定在普通外语教学法上。具体到一种教学法理论体系的建立上，张正东综合了他对教学环境、外语学得本质、中外文化差异、影响教育成效的经济发展及对教学起内稳态作用的教师等的看法和观点，开始尝试建构一种以立体化为特点的外语教学法理论框架。英语云位一体教学法也凝聚了马承老师对教学法研究的理性思考。通过对从教几年的英语教学及时反思，通过对同行老师的课进行观摩学习，通过对当时基础阶段英语教学现状进行整体思考，马承老师意识到要教好英语，达成高效学习的目的必须从实际的课堂教学着手，改善教和学的方法与技巧。这种方法和技巧应该主要建立在学科和学生两个层面。

从学科的角度，英语教学与巧语有着不一样的发音系统和表音符号，英语教学应该从对两者的异同着手，以语音学习为敲口板首先解决"开口"的问题。解决了开口的问题，学习者就可自行学习和巩固，而不至于对英语教师有严重依赖。送一点长期以来一直是初级阶段英语教学中的一大难题。从学生的层面，面对一口全新的课程，学习者往往充满恐慌。因此，帮助学习者克服送种也理，拥有良好的也理状态便特别重要。马承从这一点出发，开始尝试研发能够适合学习者身也特点并且能促其开口学英语的技巧和方法。字母、音素、音标三位一体教学法、词汇、语法、阅读三位一体教学法的基本的理论框架逐渐构成。

英语四位一体教学法最初源自包天仁老师想要着力改造当时高考英语成绩低迷的现化。他理出了四点高中英语教学的理念和举措：针对式教学、衔接性教学、规律性教学和阶段性教学。针对性教学着眼英语高考的特殊性；衔接性教学应对初高中学习和平时学习与考试复习；规律性教学则指英语教学不能因为高考而废弃语言教学的规律；阶段性教学强调英语教学应该依照学习者的身也特点和语言知识的难度系数进行阶段侧重，循序渐进。

包老师开始勾画他的"寻宝图"。他把金字塔的平面图分成四块，代表高考英语复习教学的四个阶段，自下而上，最底端的一块用于复习知识，打好基础；第二块用于专项题型技能训练，把知识上升为技能；第三块用于综合训练，查漏补缺，提高综合运用能力；最后过渡到模拟训练阶段，即精选、精做模拟题，搞好考前热身。四个阶段循序渐进。基于英语教学的理性构想，包老师在接下来的几届英语教学中都获得成效。但是，基于英语考试的教学并不表示英语学习只能为考试服务，只能充当考试的工具。高考英语复习教学并不一定要与平时的英语教学分割开来，高考英语复习教学也不能违背英语学习循序渐进的规律，高考英语复习教学同样要遵守语言发展的阶段特征和学定生学习的阶段特征。包天仁还对英语作为一种外语在中国的学习进行了思索。他认为中国的英语教学是外语教学而非二语教学，中国的英语教学必须在中国自己的文化土壤上才能生根发芽。这些从英语学习的阶段性、侧重性、针对性等角度展开的英语教学法的初步构想就为英语四位一体教学法奠定了基础。整体来说，上述四种英语教学法在形成过程中都体现了首创者们对英语教学的反思批判和理性思考等特点。对英语教学的理性探索是在教学实践中开发出来的，最终服务本国教学为目的的一种探索。英语教学法的形成需要我国外语教师在长期的教学实践中反思与行动，需要他们以教学实践者和教学研究者的身份对自身和周遭的英语教学进行理性思索，需要中国本土的教学土壤的滋养。

（三）教学实验

英语教学法需要教学实验的支撑。一种教学法的形成非朝夕可以达成。进行教学实验是形成一种教学法的重要构成部分和必经步骤。一种教学法无论是源自对教学实践的提炼，还是在教学理论思索下的教学设想，都必须要经过实验的历练，方能知晓该法是否适合现实的巧堂教学，是否能够推广延伸至其他学校的课堂与场域。英语教学法作为在本国情境内对外来科目教学法的探索，尤其需要长期有效的教学实验的开展与确立。

四种英语教学法的形成都经历了教学法实验的考验。张思中的十六字外语教学法的具体实验探索涵盖了 20 个世纪 60 年代到 80 年代中期的个体实验、局部推广阶段与 80 年代中期至今的群体实验、发展、充实、完善与大面积推广阶段。20 世纪 60 年代，张思中将自己所教的班级为实验对象，开启了十六字外语教学法的第一轮实验。在这一轮实验中，张思中以词汇学习为突破，通过循环记忆法、卡片记忆法为基础对词汇采取当堂教授当堂测试的做法，鼓励学习者集中识词；对于语法教学，张思中采用语法讲座的，形式进行，要求学习者"一查、二猜、三议、四问"，不限于语法的机械背诵与形式限制，而是集中掌握精髓，在广泛阅读中消化语法知识；广泛阅读不仅有与课文相关的主题阅读，更有国外的原版各科教材阅读。送一轮实验得到了前所未有的成功。参与实验的巧多学生都进入清华大学、南开大学、复旦大学、上海交通大学、华东师范大学等名校。后来，华东师范大学俄语系李振雷教授带队实习时发现了张老师的改革试验并撰文在《人民教育》上加以介绍。张思中仍然以各种记忆法为引导，带领学生首先集中时间识记词汇。课堂教学结束后，张思中鼓励学生成立外语翻译课外小组和跨学科兴趣小组等来巧展学生的外语水平，并保持外语学习的热情。正是这种大胆的实验探索，他所教的班级不仅曾全班合作翻译出18万字的《亚洲民间故事》，而且还有许多学生单独完成了小说如《表》等。而针对不同学习者的进度差异问题，张思中又开启了同班快慢两层次教学的探索，这就是后来的同堂复试教学。这一轮的教学实验成效更为显著。

自1988年起，张思中外语教学法进入群体实验、发展、充实、完善与大面积推广阶段，并得到吴棠、邵瑞珍、应云天等教授的理论指导；并先后开设了"张思中外语教学法全国培训班"，成立了"上海张思中教学法研究所"。张思中承担了全国教育科学规划课题，子课题更是遍布全国100多个教改基地。这一系列的教学改革举措不仅改观了"费时低效"的"哑巴英语"现状，学生英语成绩有了提高，还培养了一批特级和优秀的英语教师。

张正东的外语立体化教学法实验论证是在80年代中后期开始，先后经过数轮教学实验，在90年代末期得到运用推广。与其他本土英语教学法的实验探索不同，张正东在外语立体化教学法实验中不是直接进入课堂进行教学实验的实验班级的教师，而是作为整个教学法实验组的策划者和研究者全面主导指挥该法的实验开展。外语立体化教学法实验以张正东所提出"立体化"教学理念为指导，在教学目标的设定、教学内容的安排、教学活动的设计、教学方法的运用等层面落实立体化教学法的构想。随后，外语立体化教学法在四川开江中学开展了从初一到高三的第一轮教学实验。实验在中学英语特级教师王恩群的主持下进行了11个学期。四川省教育科学研究所组织了由国家大学英语四、六级考试委员、重庆大学教授韩其顺和西南师范大学教育科学研究所所长曾欣然教授任组长的同行专家进行了评审验收。实验成果陆续先后在《外国语文》《课程教材教法》上发表。后续几轮实验在四川、湖南、广西等多个省市的不同学校顺利开展。这些实验不但有由张正东从整体上设计的"英语立体化教学法"实验计划的指导，也包括了各个实验学校在总模式指导下依照本校具体情况设定的不同模式，如"听力训练引路、优先发展听说能力"的模式、"拼读入口、阅读主导"的模式等。这些教学实验都获得了预期的成效，实验结果由各个基地的负责人进行了总结，研究报告、学术论文、课题开展成为实验的成果形式。

开展教学法实验是英语三位一体教学法的重要组成部分。通过讲座、教材培、教学法学习、广播节目录制等形式，马承将教学法的实验计划进行了宣讲与指导。全国20多个省市自治区先后开展教学实验并取得可喜的成绩，如哈尔滨35中学、平顶山矿务局十矿学校、山东龙口市中学、贵州铜仁实验基地、海南琼山市灵山中学等等都在学生的学习成绩、教师的教学水平上得到改善。此外，英语三位一体教学法实验的开展还通过开办社会培训机构和民办培训学校得到进一步的拓展和完善。英语三位一体教学法不但对基础阶段的学习者有效，还为成人学习英语开辟了新的道路。1972 年起，马老师先后在夜大、首都职工大学、北京科学技术交流站、职称培训中也等多个化会教学机构进行针对成人的英语改进教学活动。他发现，字母、音素、音标三位一体教学法对学习基础化较差，英语学习已经基本荒废的成年人一样非常适合。为了进一步验证此法，马老师一方面在他所任教的北京教育学院玄武分院在英语教学法课程教学中进行宣讲。一方面，马老师在东城外国语学院、西城教育分院、房山县、大兴县、昌平县等进行了英语三位一体教学法的巡讲和传授。1982 年，北京大学出版社和北京师范学院（现改为首都师范大学）联合举办"全国马承效率英语函授班"。马承效率英语被光明日报、经济日报、中国教育报、北京日报、北京晚报、首都信息报等多家媒体争先宣传，马承英语从北京郊区一所偏远的中学开始走向全国。此后，马承又研发出了大三位一体教学法，并开始出版配套的录像带和录音带。一些英语教学法专家如龚亚夫、胡春洞、张志远等都纷纷撰文支持并宣传马承老师的英语教学法。1985 年起，马老师将教学科研谋题与全国巡讲结合起来，他的英语三位一体教学法开始惠及更多的英语教师和英语学习者。他走遍了中国 20 多个省市自治区，得到培训的教师多达 10 万余人。"马承三位一体教学法"实验基地达上千个之多。80 年代中后期起，马老师深感教法在教学中的有效贯彻还需要教材作为中介。因此，1989 年，马老师召集"简笔画情景教学法"创立者李世淀、沈阳东陵区英语教研员罗梦云、山东胜利油田英语教研员张从晓等 7 位老师进行教材编写。两年后，《小学英语识字读本》正式出版，并在黑龙江北大荒 9 个农管局、山东胜利油田、沈阳东陵区等 5 个地区进行实验。

包天仁老师的英语四位一体教学法则自 20 世纪 70 年代末到 90 年代末完成了从个人走向群体，从地方走向全国的教学法形塑之路，该法已在全国实验法 16 轮，不仅参与了我国历次英语课程与教学改革，还对我国的英语教学尤其是基础教育阶段的英语教学有举足轻重的作用与影响。1985 年，包天仁调入吉林师范学院英语系，从事英语教学和研究工作，而他对"英语四位一体教学法"的实验探索也走向深化。包天仁运用辩证唯物哲学观和方法论，对中国传统知识型教学观精髓进行了合理吸收，对英语作为一种外语的语言理论和语言学习理论，他以四位一体为一个体系结构，在 80 年代末期建构了四位一体中考英语复习教学方法阶段训练金字塔（即小"四位一体"教学模式）。四位一体教学模式为指导，包天仁老师开展了局部的实验求证和对教学模式的修改与完善。1990 年，包天仁老师创办《英语辅导报》，用"四位一体"思想指导办报，验证和指导基础外语教学。随后，在90 年代初期，包老师又提出了英语"四位一体"课堂教学方法金字塔。90 年代中期，"四位一体"平时复习方法金字塔创立。英语四位一体教学法开始应用到了各地中、高考英语复习中，在吉林地区各级学校的中、高考的英语教学实验同时展开，从实践中积累了丰富的经验。英语四位一体教学法有着独特的实验探索模式。通过《英语辅导报》（1990 年创办）、《英语通》（1999 年创办，原名《英语考试向导》）等英语学习刊物包天仁将英语"四位一体"的教学思想进行宣传和运用，帮助各地学校的老师们能灵活运用该法的中也教学理念，帮助学习者达成课堂内外英语学习的自然衔接。另一条进行教学法实验探索的途径是全国性实验项目开展和各种级别的教学竞赛如知识竞赛、演讲比赛等的举行。

　　四种英语教学法的实验探索历程清楚地表明教学法的最终确立必须有长期的、适合我国教学实际的教学法实验的开展。只有经由与现实教学结合起来的教学实验，一种教学法方可走向成熟，达致理论的离度。

（四）理论总结

　　教学法只有经由理论总结才能形塑而至法的高度。理论总结就是要对经过多次多轮实验验证后的教学法框架或构想在理论上进行提炼，在体系上进行建构。一些对教学法的实验探索可能只是从改善某项课堂教学技巧着手，也可能只是对一些初步的还并不成熟的教学理念经由教学模式或教学过程进行试探性的操作与验证。在教学实验过程中或在完成教学实验后，教学法的建构就逐渐走向明晰。这些教学法的框架或构想包含了创立者对教学的理论观点，对教学模式的设计和对教学技巧的独特创造与运用等。作为英语教学法，由于植根于文化土壤，这些教学实验是面向具体的学习群体，教学目的主要是要着力改善和提升相对滞后的与教学需求不相适应的教学，而且送些教学实验都是本 ± 的教师在自身教学实践或理论探索演进过程中的行为，是一种具象的研究，如何对送些教学实验进行理论总结更具要义。

　　相对而言，除张正东在教学法理论上有长期的思考与研究外，其余多位教学法的创立者在教学法理论上还需要加强。但这不表明这三种教学法就没有理论。一方面，一种教学法理论的完善需要逐步发展，三种教学法在经过反思批判、理论思索与实验验证后，一些教学理念已经由课堂教学方法的改进、教学策略的实施、教学材料的运用等得到升华，并通过创立者与使用者书籍或论文等形式进行总结；另一方面，作为对这些教学法的研究者，我们还可以依照这些教学法语料进一步进行提炼。十六字外语教学法在经过数轮实验后，对该法所包含的理论观点进行了总结。首先，张思中持外语教学系统论的观点。他认为，教学是一个系统，由相互联系的几个子系统构成。外语教学是一个语言系统，包括拼音、词汇、语法和书写四个子系统。只有系统地安排拼音、词汇、语法与书写等语言知识和技能的教学，才能达成学科教学与语言教学的双重目的。从语言教学内容出发，张思中从词汇和语法教学着手，通过对集中学习语法和词汇的实验探索，提炼出"适当集中"的语言教学理论。他还通过在实验教学中开展阅读外语民间故事和简易原著、翻译教辅书籍等活动，确定了另一条外语教学原则—阅读原著。其次，从教学主体学习者出发，张思中通过在教学实验中分析总结了外语学习者的也理特点，认为每个学生都有着不同的外语学习潜能。依照送种潜能，班级外语教学就可以相应地开展快慢班的同堂复试教学。同堂复试教学是在找准了学习者的也理特点后，激发他们的优势为前提，以各种语言教学资源为保障，同时熟练驾驭快慢两种程度的学习者课堂的教师为中轴的一种教学尝试。

面对庞杂的语言系统，在语言教学中，师生应呈现一种对所要达到的目标渴求成功并收获成功体验的良好也理状态。这就是十六字外语教学法提出的"优势论"。按照张思中的理解，"优势论"是一个大概念，包括信仰、信念和主体行为。这一理论系统地涵盖了学习者情感因素的各个方面，强调情感与认知相结合，尤其倡导树立一种巧极的情感态度来指导学习者的学习行为。进而，张思中将"突破难点、扬长避短、排除干扰、满足学生需求、让学生看到成就"等归为优势系统的五个要素。此外，从学习方法的角度，张思中对集中识词进行了进一步的思考，他发现集中教授和学习的语言知识点只有通过多轮重复和有意义、有技巧的识记和理解方可成为学习者语言库中的"宝藏"，活取活用。这一发现就让他提出了另一条十六字外语教学法的重要原则—反复循环。

上述对实验教学的理论总结从一定程度涵盖了语言学、教育学、也理学等理论观，还体现了中国传统教学思想的运用。对外语立体化教学法所进行的理论总结不但是对张正东所提出的教学法理论假说的验证，更是在实验探索后对该法在理论上的再次确认与升华。外语立体化教学法的理论核也观点是"立体化教学"。教学实验验证了他对外语教学应包含的各种因素的设想。张正东不是只从现有的教学现象出发，而是从语言学习所蕴含的国与国之间文化基因的传承与交流来看待外语教学，从一个学科所处的社会经济与教育环境角度来对待外语教学，从外语教学中师生关系的特殊角色变化来思考外语教学。

张正东从"学生、目的语、教学环境、经济发展与跨国文化"等五个角度立体综合建构教学法理论体系。从这些因素出发，外语教学也理观、外语学得论、五要素论、系统论、教师内稳态理论等就成为该法的主要论点。例如，从心理学的角度，张正东十分推崇中国传统也理学。他认为国外虽然有行为主义也理学、认知主义心理学、人本主义心理学等作为各种外语教学法流派的理论基础，但研究中国的外语教学其实更应该从中国传统的也理学那里汲取养料。这些扎根于中国传统文化中的也理学思想更切合中国外语学习者的必理特点。我国历代教育家十分重视学习的情志因素。情志因素包括志学、好学、乐学、勤学、恒学等内容。志是一种意向活动，涵纳学习动机、学习目的、学习理想，是激励个体积极主动学习的内在推动力。张正东认为在外语教学中，情感有两大功能：一为动因动力功能，如从学生需要出发激发学习内在动机，借助情感功能帮助学生排除也理障碍。二为信号功能，形成的情感会随同语言、身势、副语言等成为输入输出语言的社会含义的信号，从而使语言交际和理解更加确切。显然，情感的动因一动力功能主要源自学习者的情志与好学。外语立体化教学法的教育学理论。张正东认为，外语教学只是达到学校教育目的的手段之一，外语教学法应在教育学范畴内发展，并按教育学的规范来指导外语教学。张正东认为外语教学法的内容国外很多专家多从语言学立论，但学校的外语教学问题应该更多运用教育学和教育也理学的理论才能解决，如课本的教学法化系不适合具体教学环境时应按教育学原则处理；学习理论上的争执也得参照教育也理学的理论等。

除了上述的教育指导思想，外语立体化教学法中的学生主体性原则即是教育学理论的呈现，学校环境的论点也是对教育环境论的采用，而外语教育目标的设定、外语教学内容的安排、外语教学活动的设计无不包含了丰富的教育思想。外语教学法与教育学是密不可分的。外语立体化教学法正是在教育学的范畴内展开，遵循教育学的规律而建构的一种外语教学法。

英语三位一体教学法也在教学实验过程中和教学实验后进行了教学法的理论总结。英语三位一体教学法的理论总结主要从学生心理发展角度和语言高效习角度进行。效率英语、直呼式韵律英语教学法、字母、因素、音标教学法和词汇、语法、阅读大三位一体教学法等包含了这一教学法的理论观。英语三位一体教学法最强调的是理论，尤其是在教学上的运用。马承认为，英语教学一定要依据学习者的身也特点进行。初级英语学习者身心发展是有规律地从一个阶段过渡到另一个阶段，过渡的前后顺序、各个阶段的基本也理特征、每一个阶段相应的基本年龄，处于不同条件下的儿童大体一致。但发展的速度和进程，每一阶段所能达到的发展水平和相应的年龄幅度，则随儿童所处的家庭环境和教育条件有所不同。只有确定好了学习者理发展的年龄特征，才能有效安排学习内容、择取相应学习方法。此外，马承还从发展也理学和认知也理学的角度看待英语教学。他认为模仿于巧级英语学习者而言具有重要意义。初级学习者通常从复印式模仿发展为反映个性的创造性模仿。因此，对于初级学习者，我们应该抓住这一特点，在从复印式模仿过渡为创造性模仿的过程中，运用各种教学策略，调动学习者的其他元素如兴趣、注意、动机、记忆等，引导学习者能够逐渐完成对输入信息的储备、编码、解码并最终输出信息，成为有个性的具备学习能力的人。

心理学理论对语音教学具有特殊意义，对词汇、阅读和语法教学同样非常重要。初、高中英语学习者正处于身心发展迅猛时期，他们往往兴趣广泛、思维活跃、接受新事物能力强但也容易犯"猴子摘玉米式"的错误，不能集中注意力，用也做好一件事情。针对这一特点，英语三位一体教学法提出"易学、乐学、速学、会学和智学"的"五学"教学目标，将学习者的也理发展特点和认知发展特点结合起来，获得了良好教学效果。其中，马承老师特别强调有效记忆对英语学习的影响。他认为"探索记忆规律是英语教学法研究的重要课题"。记忆的阶段理论和德国也理学家艾宾浩斯的遗忘曲线规律为基础，结合上述学习者身也发展特点和英语语言学习特点，马承认为建立单词编码系统是一种从根本上解决单词记忆难送一问题的途径。正是有了这一理论，英语三位一体教学法就在轻松解决了单词的读音和意义识记问题后，就能够研究所记单词的共同特征和内在联系，真正建立一个词汇学习的编码体系。

　　英语四位一体教学法的理论总结则建立在以多轮教学实验为基础，各种教育教学和教育科研课题为依巧的系统论述与总结中。包天仁创立的英语四位一体教学法从研发"英语四位一体高考复习教学方法"起步，历经"英语四位一体中、高考复习教学方法""英语四位一体复习教学方法""英语四位一体教学法"几个阶段。按照包天仁自己的说法，对这一教学法的探索一开始定位的只是一个具体的复习的教学技巧，后来扩展成为一个教学方法体系，再扩展到整个外语教学的各个阶段，定位是一个大的教学法。这意味着，英语四位一体教学法不但是一个对实践教学所需的探索到寻求理论支撑并逐渐理论实践化的过程，更是一个在教学法的理论研究上一直处于动态发展而与时俱进的过程。因此，英语四位一体教学法在理论总结上也呈现出动态发展的特点。英语四位一体教学法的理论总结主要包括外语学得观、输入型教学观、外语教学心理观和外语教育观。外语学得观强调外语在中国主要在学校学习的形式进行学习，外语是学得的；输入型教学观是在对教学实验与对当时的中国英语教学现状进行分析得出的。虽然很多人倡导输出型教学，但包天仁认为输入型教学更适合中国基础阶段的英语教学实际。英语教学应该加强对学习者基础知识和基本技能的教学。在心理学观上，英语四位一体教学包含了认知心理学的观点。包天仁以认知图式理论和信息加工理论来看待英语学习的过程。英语四位一体教学法非常重视内在的思维能力和自主学习能力的开发。包教授认为，我们必须通过记忆，通过学习规则，通过操练，通过不断的复习，通过知识的掌握及知识的使用来获得语言能力。英语四位一体教学法还凸显了对情感因素的关注。包天仁教授认为，成功的英语学习者除了智力因素外，非智力因素也是不容忽视的重要内容。学习者的情感、态度、自信也和学习意识等对英语学习有积极影响。情感具有信号功能和调节功能，对英语教学的信息交流，对英语学习的认识过程，对英语学习者的动力系统有促进和保障作用。　　英语四位一体教学法提倡教师应提升自我，博学多艺，并帮助学习者明确学习目的，创设愉悦氛围和环境，理解并尊重学生个体情感，促使他们收获成功体验。英语四位一体教学法还蕴含了丰富的教育学思想。从教育学的角度看，包天仁提倡英语教学应渗透素质教育的理念。英语四位一体教学法从如下两个方面突出了素质教育的理念：一是在教学过程中重视英语基础知识、技能的训练；二是提倡学习为中心，强调教师主导、学生主体观。综上所述，我国要形成英语教学法，需要在理论上进行及时的总结，这是构成教学法的关键步骤。通过对四种英语教学法的理论进行总结，我们发现英语教学法正是以本土理论为导向，以在语言学、也理学和教育学等上的观点为理论基础而进行的探索。虽然每一种教学法在理论观上都有所侧重，提出了不同的观点，但都有涵盖了一些共同的特点，本文下一章将对这些特征进行分析，此处不赘述。

（五）实践验证

任何一种教学法都具有发展的特征。产生于特殊背景下的每一种教学法能否在不同时期尤其是新时期以来的教学环境下符合教学发展规律，适应现代教学需求，就需要以实践的形式对他们进行检验与审视。

十六字外语教学法从上海中学起步，逐步在全国多地多校得到推广运用。主要是基于该教学法在实践教学中能够适应各地教师的教学，满足学习者的学习需求，并在教育部获得认可，从而基本达到了实践检验的标准。这些实践检验可以通过主持课题、教改实验、教材编著等方面体现。十六字外语教学法承担了全国教育科学规划"九五"到"十五"规划教材的课题，子课题更是遍布全国100多个教改基地；该法还以教研培训、教学巡讲、实验参与等方式培养了一批特级和优秀的英语教师；教学实验影响到全国多个省市、自治区各级各类英语教学，还拓展到东南亚和台湾嘉义部分地区。此外，1999年，以张思中外语教学法理念为核心的《张思中英语教程》出版，张思中外语教学法逐步走向成熟和完善。外语立体化教学法遵循的一条"由上而下"的形成路径。张正东作为主要从事外语教学理论研究的专家，通过对国外外语教学法流派如语言学派、也理学派、经验学派的研究并分析中国外语教学，认为当时的中国外语教学法忽略了一个重要的因素即"学校外语教学的环境"。在对外语教学进行了深入的理论研究后，他提出了"外语教学应是由目的语、学生、环境三维化及发展为顶和跨国文化为底而构成的立体"的理论假说。因此，这一教学法在实验阶段就开始了实践的检验。这些检验既有来自西南地区十多个市县中学进行了几轮关于外语立体化教学法的教学实验，也有来自全国其他地方如湖南湘潭的英语立体化教学法"听读训练引路、优先发展听说能力"实验、四川梁平县农村中学"阅读主导"教改实验、湖南的"优化输入、分层输出"教学实验等。这些实验都从不同侧面证实了外语立体化教学法的实践性。

马承英语三位一体教学法从20世纪60年代到90年代中期，在近三十年的时间里，历经反思教学—探索求变—立法创新—推广惠生的漫漫上下求索之路，经受住了多年教学实践的检验。通过对全国多所学校进行实验教学，论证了该法是适合我国外语教学的实际的。该法为基础编著的系列教材如《小学英语》于2001年通过了教育部教材审定委员会的审查，成为九年制义务教育全日制教材。英语四位一体教学法的形成过程可分为多个阶段；20世纪80年代中期为个人教学反思、尝试建构、体验改变阶段；80年代中后期到90年代中期为教法初成、个体实验、局部运用阶段；90年代中后期至今是体系成形、群体实验、全国推广阶段。在教学法形成的每一个阶段都经过了教师实践教学的检验与考核。截至2018年底，英语四位一体教学法已完成19轮全国性的教学法实验，全国有30个省（市、自治区）的数万名教师参加了实验教学研究，每轮实验都取得了较满意的效果，直接受益的师生多达数百万人。我国外语教育专家王才仁教授称之为"我国基础外语教学改革中的一道靓丽的风景线"。

由上述可知，四种英语教学法都在全国各地建立了多个实验学基地，对教学法开展了长期的实践教学。整体来看，四种英语教学法得到了各个部门和各地学校的支持，成千上万的师生受惠于这种立于我国文化情境下而成长起来的教学法，英语教学法通过了多年的实践的检阅。四种英语教学法虽然在形成的动因与关注的重点有所变化，但他们经过长期的实验与理论探索，最终却均是指向改善与提高中国的英语教学水平，为形成本国的英语教学特色并探寻教学规律而努力。即是说，英语教学法的形成路径殊途同归，他们不仅是扎根本土的，更是为着本土的、朝向本土的。扎根本土、服务本土就是要以本国的文化为土壤，以本国的教学思想为主轴，以教学法的视角切入中国英语教学的场域，为中国的英语教学服务；为着本土的、朝向本土的就是要建立中国自己的英语教学体系为目标，从教学法的角度探索中国的英语教学特点和发展规律。总之，英语教学法的形成路径反映了英语教学法的形成和发展离不开本土的原生文化之壤，离不开本土的教学思想精华，离不开本土的教师创新力，离不开长期的教学实验支撑。也可以说，英语教学法的形成需要理论的支撑与实践的践行，需要科研的引领与实验的探索。

第五章 人格塑造：大学英语教育智慧引导的根本

但丁表达过这样一个意思：道德常常能填补才智的缺陷，而才智却永远填补不了道德的缺陷。人格是智慧的灵魂，缺乏品质修养的人，不管其拥有多么渊博的知识，也不管其具备多么强大的思维能力，都不能以智慧称之。人格的养成，是一个人智慧生成的根本。大学英语教育对学生人格养成的引导，重点是跨文化语境下的人格关注，即引导学生的文化态度和翻译伦理。使学生在跨文化交流中理解、包容、尊重异域文化，自觉地使用英文传播中国文化的精髓，融合中西方优秀文化，保持文化的民族性。明晰译者职责，坚守译者伦理。（每一个跨文化交者，都可称之为"译者"）。同时，大学英语教育有责任也有能力对学生进行基于语言学习的情感、信念、价值观等的整体引导。学生的人格养成离不开教师的"智慧"引导，这需要教师开发多元信息、创设人文与和谐，更需要教师自身智慧的发展。

一、大学英语教育中人格塑造的现状

每一门课程都有责任和能力引导学生的人格养成，而人格养成的内容有其共性，一般意义上的情感、态度、价值观的引导，均属于人格养成之范畴，对于具体的课程，更需关注其特殊的引导域。关于人格养成，当前的大学英语教学中的误区主要表现在两方面，一是观念偏颇，即大学英语教学中无需进行人格引导；二是片面理解，即只关注了广义上的人格引导，如，教学目标中一般意义上的情感目标—这是所有课程都需要而且能够做的；同样重要的是基于大学英语教育的特点和优势，关注其他课程少有涉及的对学生的人格引导，如：关注学生的文化态度和翻译伦理等。

（一）学生的人格引导

近几年来，随着大学英语的"人文性"和"工具性"之争，相当多的老师在大学英语课堂开始关注对学生的"人文引导"，然而，当前的人文引导，可以说是泛"且"浅"，没有紧密结合大学英语教育的特征对学生人格养成进行更具专业特点的引导。

由于当前的大学英语教材基本上每个单元都是以主题展开的，而且这些主题比较扣紧大学生们关注的话题，比如时间观念、语言学习、教育理念、感恩情怀、名利态度、克隆伦理等等，老师们一般在教学目标上设有情感目标，时间允许的话（即讲解完基础知识和重难句），就会与学生探讨单元的主题思想，稍作探讨或辩论，以引导学生的情感、态度、价值观。这一引导的确很好，但大学英语教育对学生人格养成的引导一定不止于此。因为单元主题透显的思想、态度，一般是大学生们都明白的，只是用英语进行表达和吸收罢了，相对来说，这与其说是在引导学生人格的养成，不如说是以学生熟悉的主题练习英语语言和思想的表达。而老师们在带领学生领悟课文时，一般只是从语言知识掌握的视角，解决学生的难词难句，让学生能流利看懂全文，如果还能在造句或写作中用上文中的短语、句型，就是很成功了。而对字里行间透显的文化现象、更深意蕴，或结构外的信息，则极少提示。大学英语教学中对于学生的文化态度和翻译伦理更是很少提及。可以说，相当一部分老师完全没有这个意识，有些老师则认为这是英语专业学生的事情，持这种看法的老师忽视了当今的跨文化交流已经深入到人们生活的方方面面，只要有跨文化交流，就会涉及文化态度和翻译伦理。

大学英语的翻译教学，由于 2013 年 12 月前四级的翻译题型，仅仅是句子的翻译，而且是考核句子中关键短语、词汇或语法的表达，老师们平日给学生的翻译训练也就是四级真题中常考的活跃词汇、短语和重点语法结构，对这些考点反复地操练，只要语法上正确、语义上无误，就是"对"的翻译。大学英语的翻译教学，别说引导学生的文化态度，就是强调的翻译标准中的"信、达、雅"，也是少有提及的，学生们的所得，就是会做四级的翻译题目，别无他获。从 2013 年 12 月的四级考试开始，翻译题由对句子中的核心部分的翻译改成了段落翻译，材料是关于中国的经济、国情、历史、文化等的内容。笔者认为这是一个好的引导，如果仔细领悟，会发现其有可能引导大学英语教学理念和内容的创新，强调对广义文化的关注，对中国文化的英文表达和传播，对中国国情的把握等，非常有助于学生英文思维的培养，国际视野的拓展，祖国情怀的提升等。同时对当前大学英语教学中出现的中国文化的失语症是一个很好的治疗。但是，后来，笔者通过与一些大学英语教师的交谈，发现许多教师由于观念守旧，并没有很好地发挥新四级题型的积极作用，仍囿于简单的语言知识的教学，和对篇章段落以及词汇句型的机械记忆，缺乏全盘把握意识。

关于汉英语言的对比，句式的特点，英语国家和我国人们的思维差异等，在大学英语课堂很少提及。学生在跨文化交流中，仅仅知道事物的英语单词和语法范式，是远远不够的。对异域文化的了解，对中西文化的态度，对翻译伦理的关注，才能够有真正的跨文化交流。对他国文化的学习、思考，会加深对本国文化的认识，而对本国文化的熟悉，又会进一步理解、包容和尊重他国文化。当前许多的大学英语教学，所谓的人文引导，其实尚未进入引导学生人格养成的内核。

（二）人格引导的误区

关于学生的人格养成，需注意的一点是，当前有一种偏颇的观念：只要一强调对人的关注，一些老师就对学科知识的传授过程开始质疑，认为传授知识这一形式，不能强调对人的关注，关注人，就是要关注人的思想、心理、健康等等，这些是辅导员的事情，而将该理念置于课程教学之中，会得不偿失其实，作为一门课程的教师，指导学生对课程知识的把握、理解和运用是最基本的工作。而老师们通过对内容的精选、对任务的合理设计、对教学方法的灵活运用，对学生思想火花与疑问的适时巧妙引导，等等，就是对人的关注——关注人的认知发展的同时，引导其非认知的发展；关注学生心理健康发展的同时，影响其身体的健康发展。

有少数的大学英语老师，因为对"人本"的不正确理解，大多数时候的课堂，扮演着学生辅导员的角色，中英文夹杂地讲述或让学生中英文夹杂地讨论态度、信念、价值观等。诚然，大学英语教师就一些主题，引导学生思想的升华，既练习了英语，又进行了引导，但，绝大多数学生的基本功尚未达到整堂课用英文高谈阔论人生理想价值的程度。教师的教学目标，应该是在英语语言学习和能力培养的过程中，随时关注其思维的训练，以及态度、价值观的启发、引导，在最恰当的时候，进行最适宜的点拨，而不是为了专门进行思维训练或人生态度、信念的教育，也就是说，这不是专门的思维训练或人格养成课堂，是英语课堂，应该是英语课堂蕴涵的思维训练和人格引导，是一种"水到渠成"的效应。因为，用母语去完成普遍意义下的思维训练课或人格引导课的确要高效得多，这种具体的课堂，有辅导员、有思想政治教学部的老师们，专门设计。

另外，除了关注学生的思想、态度等方面，属于关注"人"，其实，在具体的知识教学和能力训练的过程中，只要有人本理念，随时都能体现出对人的关注——关注学生对某一个知识点的反应，从学生的角度对教学内容的选择、对学方式的运用、对任务的设计、对课堂的管理等等。尽可能地激发学生的兴趣、引导学生的质疑、发展学生的直觉，为达到一个目标，即学生对知识的掌握，学生的智慧（不仅是智性智慧）得到充分的开发。对知识的认知、掌握，有助于学生智慧的生成（知识不一定形成智慧），而智慧的提升，有助于学生对学科知识的掌握和灵活运用。简言之，大学英语教师在传授给学生知识的同时，要关注学生能力的提升和智慧的生成。还想提及的一个问题是，有教师质疑在大学英语教育中是否有必要关注人文以发展学生人格。类似的问题已在第二章进行了阐述。即在大学英语教育中对学生人格发展的关注，与其他课程有相通之处，更有其自身的作用和特性所在。

二、语言文化交流下大学生的人格塑造

跨文化交际活动涉及六方面问题：言语交际、非言语交际、社会行为准则、人际关系、动力和动机以及思想价值观念。文化的内核是思想价值观，而价值观与交际之间是支配与反映的关系。大学英语教育的直接目的是培养大学生们的跨文化交际智慧，在此语境中，需要关注对学生文化态度和翻译伦理的引导。

（一）文化素养的培育

老舍先生说过这样一句话：没有民族风格的作品，是没有根的花，它不但在本乡本土活不下去，而且无论在哪里也活不下去。我们可以说，文化态度模糊的人，就如没有了民族风格的作品。目前许多的青少年，受外来文化的影响非常深刻，被形象地称为"香蕉人"。人们在学习一种语言的同时，也在有意无意地逐渐走进、熟悉这种语言的文化，如果我们的英语课堂不关注对学生文化态度的引导，放任学生对本族文化的忽略和对外文化的狂热，将导致失去自己本有的"根"和"支柱"。为帮助学生明晰文化态度，大学英语教育可引导学生践行以下几方面。

1. 传播中国文化的精髓

大学英语教育不仅要注重西方文化传统、了解西方文化的主要表现形式以及支撑西方文化的核心价值、观念和视角，而且要强调熟悉中国文化，学习以西方能够接受的方式介绍中国传统文化、基本国情、历史和政治等。以更好地应对中外文化交流、交融、交锋的挑战。英语作为当前世界通用的语言，信息时代、全球化背景、国际化人才培养要求，文化软实力竞争等等已经赋予我国大学生们中西方文化传递、融合、解释的促进者角色。在这一新的历史条件下，大学英语教学的目标就要放在双向的交流上，即在借鉴国外先进理念、技术和经验的同时还要向与世人分享中国的优秀文化。教育发展纲要也指出，高等教育要"积极推进文化传播，弘扬优秀传统文化，发展先进文化"。国家越来越关注文化软实力，国家文化软实力的强大一方面取决于文化内涵的发展和丰富，另一方面取决于其在世界范围内的传播与影响。因此，培养学生用英文传播中国文化的意识和能力，是大学英语教育不可忽视的一个任务。

20 世纪 80 年代，一批若贝尔奖获得者们提出，人类在今后的发展，需要到两千多年前的中国孔子那里寻找智慧。中国文化是世界文化的重要部分，与世人分享中国文化，也是对共同利益的追求。比如说，博大精深的中医文化，不仅可以惠泽世人的健康，其理念还能和谐人与自然的关系。中国许多的文化精髓不被世人普遍认识到，原因之一是狭隘观念的影响，认为文化传播仅仅是一部分人的使命—翻译人士，文化研究者，这样的传播群体力度太弱，影响面太窄，只有地球村的每一个中国人都能自觉自如地传播甚至演示（其思维、观念、待人处事、言谈举止本身就是中国文化的集中）中国文化时，才能有机会让大范围的世人在工作生活中感受中国文化，分享优秀中国文化的力量与厚重。与世界人民分享丰富深厚的中国文化，让中国文化的精髓惠泽更多的世人，需要大众意识和努力，尤其是一批又一批的大学生们，担负着传播中国文化的使命。要让多数大学生们成为中国文化的代表和传递中国文化的使者，大学英语教师需要担当中西方文化传递意识的促进者。

当前的大学英语教学中学生们很难用英文表达中国文化，大学英语的文化教学，其中的内容大多涉及西方的文化，和中国文化有关的内容却很少。绝大多数的学生在大学毕业时，即使通过了四级、六级考试之后，像《红楼梦》《水浒传》《三国演义》等中国古典文学名著，或者《黄帝内经》《本草纲目》等中华医学的精髓作品，或者一些反映我国国情的词汇、短语等，都不知道如何用英语表达。更有甚者，相当一部分热衷于英语的学生，对西方很多文化如数家珍，而对中国文化最基本的东西都说不出来。笔者对年杯大学生英语演讲比赛印象非常深刻，看过很多遍，一是因为参赛选手们的英语运用表现实在优秀，比赛环节的设计非常吸引眼球，还有一个原因就是我第一次观看这场比赛时的突然惊叹：我国的英语高手们"对中国文化、历史、国情的"无知"，例如，比赛选手可以脱口而出《飘》的作者，而对于《狂人日记》的作者一无所知，对美国的历史可以娓娓道来，而将与孙中山有关的典型历史事件说成是与毛泽东有关，等等。也感谢这场比赛，让笔者较早意识到在大学英语教育中对大学生文化态度引导的必要性。2013年12月四级考试题型设计再次改革，翻译内容和考法的改动，应该也是源于"中国文化失语症"，以及期望大学生们成为中国文化传播的主力军。在考试文化主导的大学英语教学中，这一题型的设置，其目的之一应该是引导大学英语教学理念和内容的创新，如果大学英语教师能借此机会，巧妙灵活地设计教学，完全可以培养学生对中国优秀文化的理解和传播意识及能力。但如果大学英语教育中仍不关注引导学生的文化态度和智慧生成，这种题型的变动之初衷恐怕难以实现。因此，分析如何使学生熟悉更多的中国文化的英文表达；具备使用英语介绍中国文化的能力；发展学生的中国立场、世界眼光和人类情怀等，是我国当前大学英语教育研究的重要课题之一。

2. 融合中西方优秀文化

英语课堂对英语国家文化的介绍、理解和欣赏是必然的，但是与此同时，一定不能缺少引导学生发现中西文化，在各自的特点，找到其中的差异，辩证地对待将两种文化的精髓融合，并去其糟粕，从而达到良好的效果。大学英语教育应帮助学生树立世界眼光，拓展国际视野，理解西方文明、思维方式和生活习惯，了解中外文化差异，培养跨文化交际能力，使其能"用英语有效地进行交际"只有在了解世界，保持自我的前提下，才能很好地走出去。《欧洲语言共同参考框架》指出，学习外语的目的是为了让国民更好地熟悉他国文化，如，其他国家人民的文化传统、思维形式和生活方式等，理解文化的多样性和不同民族的特性，以促进不同文化背景下的人们的相互包容和尊重。

为了扩展学生的文化视野对照和反省自己的文化观和本国的传统文化，哈佛大学文理学院《课程说明》有这样的规定：在核心课程所指的外国文化领域中，每个学生必须修一门或一门以上本国之外的"对某一民族的形貌和精神以及对该民族的独特思想文化有所详述说明的科目"。这里想提出的一点是：在引导学生对更多他国文化了解的同时，使其能一步发现本国文化的特性和世界文化的多样性，更具理解和宽容之心。在植根于本土文化的基础上，融合多种文化的精髓，从而达到对本土文化的发展和超越。

3. 保持文化特色

文化全球化不能替代文化民族性。因为许多中国文化的英语表达障碍，在英语为通用语言的文化大融合的趋势下，会使英语国家的文化逐渐成为中心，而许多中国文化的精髓会淡出场域。如同在城镇化的过程中，在追逐主流的城市文化时，乡村民间文化在不经意间变得模糊甚至消失。大学英语教学需引导学生，文化的全球化不能也不应该代替文化的民族性。就算文化差异在全球化进程中已经逐渐被缩小和融合，也没有哪一个民族会主动放弃自己原有的本土文化和民族身份去接受外来文化。但对外来文化元素自觉或不自觉地吸收，担心会让本族文化在无意识中磨灭。所以，不仅需要将更多中国文化的精髓融入文化的"大熔炉"中，更要提倡不失各自民族性的文化"沙拉碗"。因此，为了培养能担负历史使命的大学生，大学英语教师需要引导学生进一步了解中西方文化，重新认识中西方文化的力量。我们不能常常停留在事件的表层，不能被西方的东西牵着鼻子走；在经典阅读中，要注意引导学生逐渐形成自己对西方文化的感悟力和分析力。简言之，大学英语教育不能对西方文化不加甄别地介绍和学习，而缺乏进一步引导学生对中西文化的比较生成对异域文化的批判、理解、包容，以及"取其精华，去其糟粕"的态度。比较和坚守是保持文化民族性的关键词，这需要教师和学生们的智慧。

（二）翻译伦理的引导

作为社会的一员译者（广义的译者，指每一个跨文化交流者），在不一样的情境中，究竟如何选择翻译的姿态、策略与方法，译者的职责到底是什么？这是大学英语教育中需要关注而一直被忽略的话题。虽然非英语专业的大学生们将来不一定做一名职业译者，但是，越来越频繁的跨文化交流活动使得人们随时都可能成为一个译者身份，对翻译伦理的了解及坚守与否，影响着跨文化交流的成败。所以，大学英语教育有义务让学生们了解：翻译的跨文化交际的本质，和全球化背景下翻译所面临的各种问题，如：不平等文化交流、文化霸权等，以及需坚守的译者伦理。

1. 翻译伦理

在中国文化里，"伦理"一词常会让人想到君臣关系、父子关系、夫妻关系等等。人们倾向于将"人伦物理"并提，其中，"人伦"是指人与人之间和谐井然的关系；"物理"是指事物与事物之间内在的秩序和条理。由此可以看出，"伦"与"理"并用是指人与人之间或事物与事物之间的关系。随着伦理学的发展，"伦理"一词常用来泛指人与人之间以道德手段调节的、和谐有序的关系，是基于人类核心价值而发展成的系列行为规范和标准，规范人们的行为和引导人们在各种关系中的妥当抉择是其主要功能。目前，伦理学界普遍认为，只要有人，有了人的活动与生活，有了人与人之间的关系，就有伦理的存在，伦理就会发生作用。翻译中自然也就有着伦理的关系，比如，在翻译中所说的"明晰、真实"，其关注的是文本与文本之间的关系，"信任、理解"则指向的是人与人之间的关系。契约伦理、和功利主义伦理是当前翻译伦理研究所运用的主要伦理学方法。

随着跨文化交流的不断发展，越来越多的人意识到，翻译不纯粹是语言之间的转换和译者的个人行为，翻译和其他的人类行为一样，是一项在人的意识支配下为实现特定的目的和意图所选择的主观能动性活动。可以说，翻译活动就是一种伦理活动，因为其涉及到许多人与人之间的关系，如：作者与译者、译者与读者、译者与翻译评论者以及译者与赞助人之间的关系等。翻译又是一种跨文化的交往，至少关涉到两种文化之间的关系，翻译活动的目标就是使不同文化之间进行平等健康的交流。是否能正确处理翻译活动中所涉及的各种人际关系、协调外来文化与本土文化之间的冲突，关系到翻译活动的成败，而对这些问题的探讨离不开伦理学的指导。正确的翻译伦理观有助于协调翻译主体之间和不同文化之间的关系，有助于化解文化冲突，有助于促进人类社会的共同进步有助于翻译活动的良性发展。然而在传统的翻译中，翻译活动似乎只和语言有关，寻找文本间、语言间的对等成了译者的全部职责和义务，极少涉及翻译的伦理问题。其没有认识到，翻译作为一项跨文化的人类社会交往活动，不可避免地受到历史、社会、文化、政治等多种因素的影响。翻译既然是众多社会交往形式的一种，那么，译者对交往行为理论所倡导的交往伦理的遵循有其基础性和必要性，也就是说，译者须尽力达到交往的三种有效性要求，即真实性正当性和真诚性，这样才能实现各类关系的和谐。比如，在后殖民语境下，对翻译活动中翻译策略的选择，应关注维护民族文化、抵制文化霸权和促进文化交流来进行。

吕俊也强调，作为一种对话和交往形式的翻译活动，是发生在不同文化间的言语交往行为，其要求人们遵守相应的规范和准则。由于不同文化之间的交往比同一文化背景下的交往会复杂得多，会有更多的问题产生，因此，翻译活动这种交往行为离不开伦理学的指导，也就是说该行为自身对伦理学有着需要。[①] 吕俊与侯向群在合著的书中更加深入地探讨了翻译伦理问题他们认为，作为不同文化间交往的社会实践性活动，翻译活动必须受道德理性的制约，如果缺乏道德理性这一基础，这种社会实践性活动就会失范，从而会被扭曲或被不正当地利用，导致交往关系的不平等。所以，在国际间交往日趋频繁的信息时代，对翻译伦理理论的完善，尤其是对翻译伦理实践的关注是非常有必要的。

---

① 吕俊. 跨越文化障碍—巴比塔的重建 [M]. 南京：东南大学出版社，2010：272.

2. 翻译实践中有效因素

引导学生的翻译伦理，并非仅仅向学生灌输"翻译伦理知识，更重要的是在和学生理解篇章，在实践英汉互译时，甚至在讨论翻译考题时，教师显性或隐性地透显翻译伦理意识，并有意或无意地传递一种对翻译伦理的关注和坚守，在对学生的翻译实践进行审视时，要包括翻译伦理的视角，而非仅仅是语言学的视角。而目前，更多的大学英语教师仅从语法、词汇的角度与学生一起讨论翻译练习，当然，在篇章理解时，还包括了背景知识和语境。纽马克曾提出，一种有道德的翻译活动要坚持五项中间真理。中间真理是指除了源语或目的语、原文或译文、源语文化或目的语文化要素之外，约束译者翻译活动的中间因素和力量。纽马克提出的五项中间真理即：事实真理、逻辑真理、审美真理、道德真理和语言真理。大学英语的翻译教学中，可引导学生从这五项出发形成一种习惯和思维，学生能够逐渐感悟和实践翻译伦理，同时在其他方面也会受益颇多。在训练学生坚持"事实真理时，可布置合作小组的同学一起讨论：文章的内容是否符合客观事实如果发现原文中的标志符号、专有名词、数据等存在问题，要鼓励学生开展调研，进行足够的论证后，对之进行修改。关于逻辑真理，主要是让学生审视文章的内容是否符合逻辑。这个过程，也是对学生逻辑思维的训练过程，影响其翻译时对"逻辑清晰、论述缜密"的关注，也会作用于其写作之中对"谋篇布局、条分缕析"的注重。如果发现有不合逻辑的地方，合作小组需集体商议，对之进行修改。

纽马克推崇美学思想—"美即是真理，真理即是美"。在大学英语教育中，可从以下两个方面引导学生对"审美真理"的把握。一是原文的美学价值是否在译文中得以体现。这里需提出美学价值的两点特性，即普遍性和文化相对性，不同的文化，对美的感悟和审定不一样，不同的人、不同的时代，也有着不一样的屯美观，所以在引导学生的审美时需要谨慎；二是如果原文的语言含混、模糊、晦潘，而又不是原文作者有意为之，教师要引导学生在翻译训练时对其进行修改使译文的语言清晰、明了、优美，这样才能让因翻译活动相互关联的各种关系可能达成和谐。

训练学生把握"道德真理"，首先要让学生知晓，翻译活动要遵守基本的动物权和环境生态权，如果原文中出现了违反这些权利之处，尤其是原文中如果存在较严重的性别、年龄、种族、宗教歧视，翻译时可以进行修改，或者拒绝接受翻译任务。例如，我国译林出版社曾对美国西蒙舒斯特出版公司出版的著作进行了翻译，在翻译过程中，针对著作中与我国文化格格不入的地方，译林出版社进行了一定的修改，遭到了西蒙舒斯特出版公司的反对，双方终止合约而译林出版社宁可不再出版造成亏损，也坚持自己的修改。当然，该事件也值得译林出版社认真总结，比如在签约前的工作需更具体周到，将在翻译中可能对原文有明显改动的地方事先提出。

　　笔者有一次翻译经历：应该是十年前吧，有一位外国人，通过朋友让我帮忙，给他翻译一封信，是一封表达爱意的信，我没多想，就给他原封不动地译出来了，还润色了一种真情的流露，将那种"情"译得淋漓尽致。没过多久，他又让我译一封信，这次是非常直白地表达爱情，并且告诉了我那个对象是经常出现在我们小区的一个眼睛纯净的保洁阿姨，我居然又给她译了。一年后，他向我道别说要回国了，而那个阿姨找到我说，他只是外出，还会回来的，那个阿姨隔三差五会来我们这个楼栋看看，逐渐地，其眼神暗淡了许多。再往后，我就再没见到这个阿姨，希望她一切安好。否则，我会更加后悔做了一次如此的翻译，至少打破了那个阿姨原本看上去还平静的日子。这样的案例，在合适的时候，我会说给我的学生听，他们会对"翻译伦理"有一种更直观的感受。如果我上大学时，老师也让我们接触类似翻译"中间真理"的理论和实践，恐怕会对我之后的翻译经历更有帮助。

　　关于最后一项语言真理，是学生难以望文生义的一项，也就是学生不能从字面上很好地理解语言真理之意指。而一旦理解，学生都会显示出一种豁然开朗，感觉对语言和翻译有了一种进一步的认识。"语言真理"意即提出的"纯语言"纯语言观点，是翻译研究和实践的新的视角。首先要提及的是的一个核心观点，即翻译不是对原作的再现，而是对原作生命的扩展，即译作是原作的来生（指出所有语言都有亲缘关系），这和我们理解的一般意义上的亲缘关系不是一回事。他指出不同的语言具有的意旨方式不同。指出不同的语言虽然在单个成分上（字词等）呈现出不同，但是在表意上却具有互补关系。纯语言是所有语言的意指聚合。通过翻译将纯语言从具体语言的限制中解放出来，这就是所指的译者的任务。

　　由此，可以引导学生，不同的语言，没有一一对等的词汇及短语，但是可以探究其共同的意指，追求超乎两种自然语言的纯语言，无疑会激发学生的创造，引导学生的真和美，同时和谐因翻译而相关联着的多种关系。由于纯语言是所有自然语言的补充和完善，因此它能够填补任何一种自然语言的语法和词汇空缺，来满足外在现实的需要。纽马克认为，原文或源语以及译文或目的语应该取长补短互相完善补充，"紧贴原文的翻译"不仅能够体现原文的语言特色而且还能够丰富目的语的表现力。纽马克认为，翻译的最终目的就是阐释不同民族文化间的异同，促进不同语言团体间的理解与和谐，加强不同国家之间的各种交流尤其是将非常具有道德价值、宗教价值和美学价值的瑰宝和先进的科技作品呈现给世人。

　　对学生进行的"五项中间真理"的训练中，学生不仅会逐渐养成这种对译文的审查习惯和视角，在其自己的翻译实践过程中，也一定会有着五项中间真理的关照，一定会有助于因翻译而产生的各种关系的有序、和谐。笔者在教学中发现，让学生呈出各合作小组的译文进行互评时，随意抽查的学生代表，除了从语法、词汇的视角，都还能从这五项中间真理的角度出发，进行较全面的评议，虽然不深入，但至少都具备这种意识，也是可贵的。

教师带着学生练习了大约四次，就收效明显。教师可以有意修改一段文章的事实，布置给合作小组课后完成，并提示从哪些方面去思考以及具体要求，这比直白地要求学生讲翻译伦理，以及五项中间真理是什么、如何遵守等，要有效得多。因为学生在具体实践中亲身参与体验、互动并感悟，是印象最深刻的。而信息的灌输，于学生，更多时候只是一种惰性知识的堆积，大部分学生要么一知半解，要么模糊不清，要么很快忘掉。当然，原理和原因也要阐释，那只需很短的时间。在大学英语翻译教学中，如果引导学生去思考、探究所提及的"真理"，虽然学生们目前的翻译水平无力以及，但是在整个对"真理"追求的过程中所感所悟的，就是一种潜移默化地超越了翻译伦理本身的多方位人格的提升。有这种引导的大学英语教育，一定不会像某些为了应付考题仅关注词汇和语法的课堂那样令学生毫无兴趣甚至反感。

三、大学英语教师关注下大学生的人格引导

对文化态度和翻译伦理的关注，学生不仅仅明晰了跨文化交际中的态度和伦理本身，而且获得了基于这两点的横向和纵向的广深人格发展。但是，教师还需自身"智慧"，有意识地将学生的人格引导贯穿于教育教学的整个过程。这就需要教师坚持开发多元信息，创设人文与和谐，提升自身智慧。

（一）重视信息的筛选

在信息化时代，大学英语教师需提升掌握、利用和搜索信息的能力；需明白如何科学有效地获取信息和蹄选整合信息，熟悉通过合适的途径、手段与学生分享其最需要的信息等等。大学英语教师要智慧地开发信息，还需把握住信息中的"泛"，在丰富并精选信息、发现并创生信息的基础上，机智传递信息。

1. 把握信息中的泛"

信息具有三个要点，即泛知识性、泛结构性、泛文本性。我们可以说知识是信息，但信息不一定具有知识的形态。在作为知识形态的信息之外还有信息，如，情感、态度、信念等也是课程的显性或隐性的信息。信息及其载体，以及信息传递与处理技术等均含于"信息"之中。有概念也有事实；有命题也有运作；有文字符号的，也有非文字符号的；有局部线性的，也有非线性的，等等，这就是泛知识性。泛结构性（或者超结构性）是指除了结构内部的要素之外，还容纳了结构成分周围的非成分"之成分的超要素，结构视角及其组成的视角结构有充分的宽容度"，因此，学科结构也只是课程信息结构的一部分。关于泛文本性，是指信息可以等同于广义的文本，但不等同于书本（除非书本被广义化）。

2. 丰富并精选信息

当前的许多大学英语教学，信息是贫乏的。先且不说信息的三要点，即"三泛"。仅从作为知识的信息来看，就很有限。当前教师们普遍传递给学生的信息大多数是高中学过的英语语言的基础知识、大学英语四级的重要考点与应试技巧。笔者在问卷调查中，问及您在平日的教育教学中，您更关注什么？选择"英语语言知识的教和学，同时关注学生的应试能力和技巧"占了6成。选择"引导学生的乐学善思、对知识的创生、学生整体发展的和谐"或"挖掘文化的内涵、中西方文化的比较和跨文化意识和能力的培养"的占3成，还有选择了其他。大学英语教育内容远非单一的语言知识传授和应试培养，其内涵是丰富的。大学英语教育的信息需要教师们根据具体情况进行丰富并精心选择，有认知方面的也有非认知方面的。认知方面，包括英语语言知识、文化知识、跨文化交流知识等。与能力提升相关的包括英语语言综合应用能力、中西文化感悟、比较、传递能力，跨文化交流能力等；直觉和逻辑最明显的是英语语感和思维。非认知方面，包括动机兴趣，自信意志，合作精神，祖国意识，国际视野，人类情怀等。语言是文化的载体，语言教学如果不引导学生从字里行间、篇章段落等处，去发现、洞察和感悟另外一种思维和文化等方面的信息。仅仅停止于语法的分析、单词的认知和记忆，句子、段落的模仿和背诵，不是真正掌握一门语言，而只是为了考试，或者只是为了记忆而记忆。机械地背诵知识点或考点的结果，除了通过考试外，不会有太多其他的作用。语言的学习，是指向交流的，这就需要感悟目的语的文化，提升跨文化交流素养。所以，仅从语言学习的基本性质和目的来看，英语教学中的显性信息至少包括：语言知识和技能、中西方文化、跨文化交流知识和能力等。教师需在丰富大学英语教学信息的同时，按照具体的情况精选信息。针对不同的群体、在不同的阶段，从丰富的信息中择取不同的重点。

3. 发现并创生信息

以上提及的是大学英语教育内容中的基本信息，其实，在这些基本元素之外隐含着更深更广的内涵，如，信息作为载体，其被载体的内容、体裁、文化是信息；教师本身也是信息，其言谈举止、教育智慧、情感态度、人格魅力等；当下的师生关系本身也是信息；学生的当下体验也是信息；教学整个过程的显性或隐性的每一个元素都是信息。多元信息的合力会不断生长并渗透到学生学习、生活的方方面面，其远远超出所描述的显性的知识和能力、直觉和逻辑以及情意志行。这些元素及元素间的和谐共生，有着一种发散、穿透的力量，深深地影响着学生。比如，引导学生对异域文化的认知、理解、欣赏和包容，会培养学生对生活中不同群体或个人文化的理解和包容。学生们在英语学习过程中创新的理念、发展的思维、培养的直觉、形成的习惯、感悟的策略、精神和品质等，一定会影响学生其他课程的学习，影响到他的整个生命。而其中的许多信息，需要我们教师不断地发现和灵活地创生。石中英教授指出，唤醒和引导学生身上潜藏着的"人文需要"是人文课程的目标所在。"唤醒和引导"是目标，更是创设学生中心课堂和创生信息的需要。但如果教师自身缺乏对语言深层的认识和感悟，没有发现语言教学中深厚的人文意蕴，是无从谈及引导学生的。教师领悟到语言蕴藏着丰富的内涵，承载着人的感悟，述说着文化，凸显着精神，语言能强旺人的生命，就会不自主地满怀情感地引导学生在学习语言知识、掌握语言技能的同时，发现、探究更宽更广更精深的涵义。这样，教学内容不再贫瘠、静止，一定关注着人，也一定深藏着人渴望探究的意蕴。教师呈现给学生的不管是词汇的讲解，语法的阐释，句子结构的分析，还是篇章的理解，都不是单一、枯燥和重复的，每一项内容都有着学生和教师对其超结构中人文光环的解读，哪怕是单个的词汇和语法也显得生动富于情感。这种解读是一种提炼，一种升华，一种高的境界，这样的解读也是作为"人"的学生非常乐意进行的。逐渐地，学生会习惯性地、自主地去发现并解读。

但是，如果知识、结构、文本自身或之外的显性或隐性信息，生长于偏颇的教学理念和教学内容，其超知识、超结构的信息大凡不会有太多积极的作用。在对枯燥乏味、没有发现其生命活力的文本的机械背诵、记忆的背景下，这些超知识、结构、文本的信息带给学生的就是当前的"被学习"状态，甚至厌学情绪。大学英语教师需努力发现、创生并机智传递给学生丰富、积极的信息。

（二）强调对人文的追寻

语言教学的内核特性是人文性的，大学英语课程是一门典型的蕴涵丰富人文的课程，且集中于学生入校后的前两年（学生观念形成的重要时期），从学生的需求和人本主义教育的视角，大学英语教师是学生人文素养提升和情感、态度、价值观形成，以及和谐发展的主要引领者之一。大学英语教学要从狭义教学走向真正的教育，因为，在大学里"的教育都蕴含在教学之中"。教师对人文与谐的追求及创设，促成师生智慧的共同发展。大学英语教师对人文与和谐的追求主要体现在教育教学理念、内容、方法上，体现在一种"默契"的师生关系上。这种追求的过程与结果就是对学生整体人格养成的极好引导。

1. 明晰目标，创生人文与和谐

追求人文与和谐的教师，不论教育的内容、形式、手段如何，其教育最终是指向"人的和谐发展"这一目标。在雅斯贝尔斯看来，教学除了单纯的事实和技巧传播之外，还应有更多的追求。"它们的目标应该是塑造人，实现一种最宽泛意义上的教育。"比如，展开一个化学实验时，缺乏人文与和谐观念的教师，会止于学生对这个化学实验本身的认知和掌握、运用。相反，追求人文的教师，在指导学生认知、运用的同时，显性或者隐性地引导学生基于该化学反应上的更广更深的思考—发现问题和解决问题的意识和能力，对知识的创生能力，对真理的追求意识和精神（如该实验背后的故事，多次失败，甚至在探究实验的过程中毁了容，伤了身子等等。）关注人文的教育，学生的思考点是不断升华和拓展的，其思考的高度和广度可以说是无限扩大的，其内心在不断渴望着，不断丰富着。有时候，也许就是一个化学实验，会让学生思考整门课程、整个学科以及与其他学科的交叉，还会引发其对个人、社会、宇宙的遐思。如果为教知识而教知识，那就是止于对化学实验本身的认识、了解，能够动手操作，能够记下整个过程，更好一点的效果，往往就是在以后的学习中能触类旁通。而现实中更直接的功利目标就是，能够在考试中游刃有余地解答问题。这其实是隐没学生在更广阔领域中创造和发展的教学。

以上是讨论一个化学实验的教学。大学英语教学中，与语言相联系的东西，更有着不止于其本身的深广的内涵，在教学语言知识点的时候，教师如果仅让学生记忆、模仿、背诵，那就是将学生和语言知识完全分成主客体两个部分，学生的学习状态是被动接受知识，更多是一种潜念状态的学习，这也是学生厌学的根本，平常的英语教与学，往往就是这种狭小的视界。其实，即便是语言教学中的最枯燥的一个词、一个语法点，都有着其生命意义，词、语法只是一个载体，它们蕴涵着丰富的情境，与学生们的生命相关并相通，其本身就是人文性的。而追求人文与和谐的教师，会带着学生去挖掘、去发现其中的精髓，去领悟其中的"道"，去融入自己的生命，引领学生在走出教育现场后不断地探究、感悟和升华。自觉地引导学生在提升学识的同时，感悟生活、人生。感悟的同时去不断地探究新知、发现真理。

创设人文的大学英语课堂，学生渴望走进课堂，积极主动地学习思考；大学英语教师引导学生学习英语的同时，引领学生走向自由，促进学生的和谐发展。前些年，大学英语界对"大学英语的工具性或人文性"争论得比较厉害。本研究认为，大学英语的内在价值是人文性的。外语教育需要关注人文，即便是初学英语的孩子，首要的任务也是将其引向丰富的人文世界，然后再展示出生动的单词、富有节奏美感的、与常说的母语差异很大的日常用语、和个可爱的有着迷人"长相"的英文字母。诚然，语言本身具有工具性的特点，但其还有更丰富的内在特性。笔者认为只要提升为课程，就不能说单纯的工具性，要么它就不是真正意义上的课程。谈到教育，更不能说仅是工具性的，不论是社会科学还是自然科学，其教育的目标最终都是指向人的。关注人文，是大学英语追求智慧教育不可或缺的元素。

2. 平衡要素，建构人文与和谐

和谐指教育自身的和谐以及对学生和谐发展的关注。创设教育的和谐是通过调控教育使其注重教育要素的关系，使教育者的节奏符合受教育者发展的节律，从而使教与学产生"谐振"效应，促进学生素质的全面、充分、和谐发展。以受教育者全面、健康、和谐发展为目标的教育活动，能有效地形教育系统中各个子系统及各要素间的协调运转，产生教育合力，获得更好的整体效应，使受教育者全面发展。学生的和谐发展包括认知与非认知心理的和谐与身心发展的和谐。关注学生德智体美各方面的协调发展，以及德、智、体、美之间的协调发展。亦即关注学生生理和心理的健全发展。心理的发展包括认知心理和非认知心理的发展；认知心理发展是指知识与能力，直觉与逻辑的发展；非认知心理的发展包括情感、态度、价值观、信念、行为等方面的发展。和谐发展包括每一个要素自身的和谐发展与各要素之间的和谐发展。如果每一位老师在教育的过程中都有意识地关注学生的和谐发展，那教育培养出的人一定不会是钱理群先生批评的那样了。

具体到大学英语教育中，先说学生心理发展方面。认知心理方面，是指学生英语语言知识（语音，词汇，语法等）、文化知识、跨文化交流知识等。语言作为文化的载体，语言的教与学，要善于引导学生发现字里行间蕴含的深刻文化；语言教学的直接目标是指向交流的，包括无声的和有声的交流，那就需要培养学生的跨文化交流素养。所以，在教育内容上，语言、文化、交流是和谐的整体，缺失了一项，也会失去语言教育的和谐。而当前的教学，更多的是纯语言知识的教与学。忽略了对学生非认知心理方面的诸如动机兴趣、自信意志、合作精神、祖国意识、国际视野、人类情怀等的引导。以上列出的是大学英语教育内容中的显性因素，其实在这些显性元素之外隐含了更多的元素，蕴涵着更深更广的意义，远远超出上述显性的知识和能力、直觉和逻辑以及情意志行，这些元素及元素间的和谐发展有着一种发散、穿透、合成的力量，深深地影响着学生发展着走向和谐。

3. 默契关系，传递人文与和谐

和谐是一种高境界的美，我们追求的和谐师生关系是师生间的神往（心灵交往），这里说神往"而不平淡地用"交往，因为好的教育是指向人的心灵的，"只有在一个心灵与一个心灵真诚相遇时，才能彼此发生感染力。大学英语教师较其他许多教师在课堂中与学生的交流更直接，具有更多显性的机会，直接用另一种语言交流着，这是一个很好的条件。（当然也有许多隐性的交流可能效果更好。）在关注学生非认知心理发展的过程中，教师与学生一步一步地走近神往"。师生的交往成为神往之时，师生之间便会有更深切的真诚与默契。课堂主角感、学生对课程的学习兴趣、学习意志和力量等不是产生于反复的说教之中，而是通过这样一种"真诚和默契从内心深处生长的。学生们自主产生学习该门课程的兴趣、意志和力量，其学习效果就可想而知了。追求与学生关系的和谐，才会收获学生的"亲其师，信其道，追求和谐，与学生的"神往"，完美的默契，让学生完全专念地在当下的情境中学习、思维、提升。其他的一切材料都是一个辅助，都是不经意的提示，比如的运用，一定只能作为辅助手段，如果学生或老师的注意力完全转向了上时，也就是师生间神往和默契中断的时候。只有在大学英语课堂中真诚地构建一种民主、平等的和谐师生关系，学生才会真正融入课堂，成为课堂教学的中心。

师生关系的构建，关键在于教师，从教师的角度可以在以下几个方面做些努力：首先要创新理念。师生间是平等、相互尊重的关系；是朋友、是合作伙伴，是同生共长的关系；师生间不存在权威身份。其次，提高素养。教师在不断创新理念的同时，努力完善自身知识结构，发展专业能力，增强人格魅力。还有一点非常重要，那就是教师的情感、态度。很难想象淡漠的教师能唤起学生对其所教课程的强烈兴趣，深含于教师教授活动中对教育的执着、对学科知识的情感、对学生的关爱等带给学生的很可能是超乎认识范围的影响。第三，关注细节。课堂中需关注的细节很多，教师的仪表气质、言谈举止、教育机制等等。以教师的语言为例，作为英语教师，地道的发音、标准的表达，流畅的解说，其语言中承载着的爱生、爱语言教学的情感等无疑是非常重要的。在语言的使用上，如能注意多使用"实然"和"或然"的语气，尽量避免"应然"语气，多用"我们"，而少用"你们"，有助于创设出种平等和自由的氛围，会生出一种师生的整体感。此外，捕捉精彩点滴及时交流，也是促进师生关系和谐的不可忽视的方面。如课间的英文歌曲欣赏，名人英文演讲，新闻播放，英文短片展示等，在让学生获取信息、感受文化、娱乐的同时，增进了师生在更多话题基础上的交流和了解。总之，和谐的师生关系呼唤教师做一名"平等的参与者、亲切的交谈者、和蔼的解释者"。

4. 引导经典阅读，提升人文与和谐

托尔斯泰有言："理想的书籍，是智慧的钥匙。"经典阅读，也是所提的智慧教育之一。大学生在经典中通过与哲人对话，找回人类精神的栖息地，感悟生命的真谛，同时又是语感培养的极好途径，能在很大程度上提升英语语言知识的学习。但是，曾经有学者针对非英语专业大学生英语课外阅读情况进行过调查，结果显示，大学生进行英语课外阅读的时间较少，阅读材料多为英语教材和报纸，主要是《中国日报》和《世纪报》，少有学生阅读英文经典原版，呈现着对读书的浮躁和功利性。而笔者的一位研究教育史的老师，是后，他说在大学里至少读了六本英文原著。我国英语教育名家秦秀白教授在年月的大学英语教师研修班上，提到他在北京外国语大学求学时期，学校有一种说法，即英语专业的学生若没有读过部英文经典名著，则不能称其为真正的英语专业学生。可见，读英文经典名著，对学生的英语学习、生活至关重要。

高尔基曾说，读书，这个我们习以为常的平凡过程，实际上是人们心灵和上下古今一切民族的伟大智慧相结合的过程。伽达默也指出，经典的超时间性是建立在经典的时间性之上的。在历史的长河中，经典被不同时期的不同人物研读，其新的涵义被不断发掘出来，从而赋予了经典的超时间性及普世价值。经典是当代文化重构的思想源泉，其本身也在被重新阐释和解读中散发活力，发展着走向未来。经典名著凝聚了一个民族、一个国家、一个时代的精神精华，汇集了人类最优秀的精神财富。可以说，经典名著是前人文明的历史

积淀，是世界文明的传承。学生们阅读经典名著，通过对其中各类人物人生经历的感悟和性格的分析与评价，从而辨别出人性的真善美丑，在对文学人物的命运审视中，感悟人生的价值，感受人生情感和灵魂升华，并将丰富的所获融入道德上的自我反省和人格上的自我完善，从而不断增强自己的修养品质。提升人文与和谐。

大学英语教育引导学生经典阅读，需根据学生的实际情况，要精选内容，由易到难，由课内到课外，从培养兴趣开始，逐渐让学生融入其中，采取"教师引导渐减"法。在内容上，哈佛大学通识课程的设计给了我们启示，其"文学与艺术"和"外国语言与文化"两大领域中，设计相关经典的世界文学、文化和文明课程，如西方经典小说"、西方经典诗歌"、西方古典希腊罗马神话、史诗"、"经典戏剧文本"等等，引导学生亲近经典中的思想世界和价值世界使他们可以与古人携手，同大师并行，思考深刻而永恒的问题。学生们不仅感悟了大师们的思想，同时又在与作品的互动和鲜活的语境中习得英语。在此，分享著名语言学家许国璋先生的一个观点，或许对我们经典阅读有指导作用，即，阅读的目标不要总是放在提高英文上，阅读首先是吸收知识和引发思考，在获取知识和积极思考的过程中，自然而然就吸收了语言。所以，引导学生的经典阅读并非偏离语言教学，而是语言学习的非常有效的途径。

5. 用"心"教育，收获人文与和谐

卢梭说过，"凡是教师缺乏爱的地方，无论品格还是智慧都不能充分地或自由地发展。关注学生智慧生成的大学英语教育，是触及学生心灵的教育。唤醒学生的灵魂，触及学生的内心，学生会用生命去感悟课程，用心去领会。关注了生命，唤醒了生命，大学英语教育就走向了良性循环，学生们不仅提升了整个素养，同时水到渠成地掌握了英语这门语言工具。践行用心教育的大学英语教师，会触动学生的灵魂，学生的观念会提升至一个更高的点，智慧逐渐成长。从这样的信件中，能感悟学生智慧的生长。老师，谢谢您一直在鼓励着我们，大学四年中，能得到您这样的恩师指导，的确是一件幸事！除了感谢，更多是一种从心里的折服，一种榜样的力量。每一个细节，您都在诠释着一种温文尔雅的静和一份积极向上的动。""常常在想，您就是一本富有哲理的书，没有严格的训教，没有晦湿的说理，却让人有很多的解读。一种总让人想起阳光的自信微笑；一份总让人感动的童真；一股激励我们积极向上的执着。两年之后，我们也将踏上三尺讲台，我们会以您为榜样，为我们的学生而努力；从今天开始，不管生活遇到什么样的挫折，我们相信我们都能自信坦然地面对一位真正的优秀教师，往往不需要太多的道理说教，他（她）的人格魅力，一种无声的语言，就足以改变和影响一个学生的一生。您，就是这样的老师！""老师，已经毕业两年了，而您在大学英语课堂中全释、引导的'优秀是一种习惯'，我一直在感悟和践行，在工作、生活中受益匪浅。"无疑，这位大学英语教师传递给学生的引导和启迪，

学生从中获得的远远超越了英语语言教与学的本身。对学生的"用心"，不仅指向心理，还包括生理。大学英语教师不仅能够引导学生的心理发展，还可以影响学生的生理成长，在当今浮躁不安的社会环境下，身心健康才会更有助于好的人格的形成与智慧的发展。

大部分人认为，英语教育与学生生理毫不相关。其实，学生生理发展不仅仅是体育课程的事情，根据中医和谐理论中的"身心合一"，每门课程都可以影响到学生的生理。比如，语言学习心理非常重要，需要悉心呵护，对学生学习热情的鼓励、自信的提升、情感的关怀，有时候不经意的一个眼神或一句话，可能激发学生的热情和自信，也可能导致学生热情与自信的丧失。而学生心理力量的减弱，会导致经常怀疑自己的能力、变得郁郁寡欢，这样的心理会引起身体免疫力下降。相反，由于语言学习的愉悦过程和满意收获，心理力量也会变得逐渐强大，学生整体的精神状态也会上升。中医对身心相互影响的关注，可以很好地对此进行解释：一个人身体出了问题，去看中医，很多医生会问及病人最近发生了什么事情、忙些什么、家庭、工作、人际关系等等，这不是闲聊，这是在获取重要信息，即从心理上找病源；而心理上的毛病，又会从身体上去发现病原，身心状态都会影响到人体气血的通畅和阴阳平衡。著名积极心理学家兰格教授也提出了类似的观点：为了改变生理状态，我们有时候只需要改变一下心理状态即可。追求智慧生成的大学英语教育，是可以引导学生的积极心理的。

所以，我们的教育可以通过对学生心理的引导，从而增强其体质，同时通过提升学生的健康知识和意识，提升其身体素质；让其身心健康，如果每一位教师都能有意关注学生的身心健康，大学生的心理疾病该会大大降低。身心健康的学生能够拥有更具创造性的思维、更旺盛的精力投入学习生活，全面地发展自己。

笔者曾经有一个学生，上课总是无精打采，天天像没有睡醒一样，有一次在课堂还突然晕倒。与其接触几次后发现不对劲，我希望帮助她，先让她体检，排除了身体疾患，就从心理上进行引导，她慢慢告诉我她患有抑郁症，吃药也没有太大的作用，总是失眠。我希望以英语学习为媒介帮助她，这个学生感觉到老师的关爱后，开始重视英语的学习，课堂上慢慢变得有精神了，还积极参与讨论发言，我也会提问她有把握回答的问题，并给予及时的表扬和鼓励，课后又与她交流英语学习的相关问题，偶尔也对她的作息和饮食等提出一些建议。老师的关爱和从学习上获得的肯定与收获，使她的精神状态好多了。第二个学期再见的时候，这个学生简直像换了一个人，她说她基本上好了，不吃药，也不失眠了，对自己越来越有信心，也有了一个明晰的发展方向。其实，整个过程，学生根本没有发现老师在给她治病，她只是在老师的关注和鼓励中，产生了一种强烈的感觉，那就是，要学好英语。她毕业后也做了一名教师，给我发邮件说"老师的引导润物无声而力量强大，我也在努力追求这样的教育，影响我的学生。"其实，这种教育的施行，也无需太多的时间，需要的只是"有心"，很多时候的交流，就是一个眼神，偶尔的一句寒暄，仅仅一两分钟。

但是这种眼神和寒暄的力量有时候的确强大。类似的案例在有些大学英语教师的教学生涯中是很多的。大学英语教师可以引导学生的身心健康。从而引领学生的智慧生成。关注学生的每一个点滴，就是给学生传递的一个又一个信息，都会有所收获，学生会获得知识、或是思维、或是情感的触动，或者兼而有之，与其"境遇"融合，便提升了知识、思维和人格。

（三）重视智慧教师的培育

教师的智慧是引导学生智慧生成的原动力。"智慧''的教师是一个生动的榜样，对学生人格生成有着极大的影响。＝智慧教育强调：教师要成为智慧的典范，才能引导学生走向智慧。所以，引导学生智慧生成的教育需要教师的智慧，而教师智慧的发展，需要教师教育理念的创新、知识能力结构的完善、教育智慧的提升。

1. 创新理念

第一，教育理念是教师智慧提升的基点。理念是一种观念、概念、想法或思想。柏拉图认为理念是一种离开具体事物而独立存在的精神实体。康德将一些超经验的概念称为理性的理念。黑格尔称之为一种客观的理性或精神。黑格尔指出理念是具体的，也是发展的。理念是一个有机的系统，其包含诸多阶段和环节。理念可以生长出现实，现实是理念的外化，我们的行动就是我们理念的敞开。理念影响行为，理念不一定有相应的行为，但每一个实践都受到相应理念的影响。我们可以说，好的实践离不开好的理念。不论是出色的教师还是卓越的领导或者成功的父母都有其优秀的理念，一个成功的企业必定有其先进的管理理念、人才理念、经营理念等。事实证明，一套明晰的、精确的理念，可以发挥其极大的效能。联合国教科文组织国际教育发展委员会前主席库姆斯曾说过：使教师成为优秀教师的关键是教师对他人、对学生、对自己的目标、意图和教学所持有的信念，而非其所拥有的知识和方法。教育信念是教师投身教育的精神支柱，如果没有明晰的教育信念，许多教师会在工作一些年后产生职业倦怠，从而影响教师的工作和生活质量。正如奈勒所说："无论你干哪一行业，个人的哲学信念是认清自己生活方向的唯一有效的手段。"一个教师如果没有系统的教育哲学知识和理智之信念，其表现出的将是茫然不知所措，很容易人云亦云。

教育理念是教师基于自身对教育本质和规律的深刻理解基础上的概括与升华，其凝聚了教师的理性智慧，蕴涵着教师的积极情感，这种情感能激励教师坚定信念，走近理想。教育理念体现在教育过程之中，指导着教师的教育行为。教育理念是内生的，是教师在工作实践和不断的自我完善过程中逐渐由内到外，并不断更新着的理想和信念。外设的教育理念虽然具有导向作用，但如果没有教师的领悟和内化是起不到实质作用的。有学者也提出，构建教育生活的基础与核心是教育者的思想观念，而教学、教材等任何外在的因素如果要真正发挥其现实的教育作用，必须融入教育者的思想观念之中才有可能。

通常，在角色创新方面，信念的力量比规范性手段有效得多。所以，我们可以说，特定的教师角色，不是由外在的力量形成的，是由教师内在的反思与解读生成的，而且，角色不断创新和完善的源泉也是内在的反思和理解。也可以说，教师角色的生成不是外在的被动过程，而是内在的主动过程，在这个过程中，教师的信念引领有着不可替代的作用。不同的教师有着不同的教育理念，也就出现不同的教育行为选择。可以说，教育理念在很大程度上影响着教育目标、教育价值和教师角色的实现。②大学英语教师要成为学生智慧生成的引领者，首先需要创新教育理念。大学英语教师理念的创新，是教师智慧提升的基点也是力量支持，是引导学生智慧生成的源泉。

第二，大学英语教师的教育理念追求。教师的教育理念很重要。然而，理念模糊或缺乏先进的理念是当前多数大学英语教师的现状。一次，有位从教年的英语教授与我提起："教了这么多年书，都是跟着感觉走，这些天看了几本有关课程、教学设计、教育学的书籍，有一个大悟，原来还有这么多清晰的理念指导！"这是一位普通高校的还不错的教授。那么，据笔者与其他一些来自全国不同地区不同院校的大学英语教师的访谈来看，更多感受是，大学英语教师们思路没有放开，教师们普遍的教学观念是，大学英语的教学，就是为语言学习而进行语言教学，文化学习就是单纯的狭义的文化学习，要另设课程等。其教学目的就是让学生学习语言知识、习得语言能力—仍是单纯的语言教学。笔者的问卷调查中有这样一个问题："指导您教育教学的主要教育信念和教学理论是：A 很模糊，说不清楚。B 般都是凭经验，很少思考过信念和理论的问题。C 请简述您的教育理念。"针对该问题，有的教师选 A 有的教师选 B 能够清楚讲出自己的教育理念的不到一成。对于这种理念模糊或缺乏理念指导的教师创设的大学英语课堂，相当一部分学生认为，这样的课堂还不如自己在网上学习，或是在培训学校接受培训效果好。所以，许多学生不喜欢大学英语课，因为他们在这门课中收获不到非线性的惊喜，感悟不到超结构的光环。

有一个明晰的理念引导，教师能更加自由地创生丰富多彩的角色。大学英语教师的具体信念可各不相同，但需要一个总的理念的指引，如，大学英语教育要引导学生的智慧生成，在这一个总的理念下，其可以尽情发挥出特色。同样，大学英语教师总的角色观明确以后，就会在整体观念的指引下，不无迷惑地演出丰富多彩的角色，可能是一百种或是一千种角色，但其总的指向都是这个提纲挈领的角色，"引导学生智慧生成的教育者"。为什么每一个发展好的企业都有一个明晰的理念，具有特色的企业文化，因为，这样才能让团队成员们的心往一处使，才有团队凝聚力。同样，大学英语教师围绕当前总的角色目标，充分发挥各自的才智，才能提升大学英语教育教学质量。当大学英语教师逐渐明晰自己的教育理念以及所追求的目标时，他们会怀端着这样的理想：学生渴望走进大学英语课堂，积极主动地学习；大学英语教师引导学生学习英语的同时，引领学生走向自由，促进学生的和谐发展。通过大学英语课程，首先，提高学生的英语综合运用能力和跨文化交际能力，发展学生的元学习能力教最终是为了不教；其次，培养学生的自信。自信是日常交流中不可或缺的品质。有自信，才能真正学好一门语言。特别是用英语面对面交流时，基础知识掌握得再牢固，英语技能再娴熟，缺乏自信，就缺乏交流的灵魂最多只能用标准的、流利的英语说上一些肤浅的东西。能够在交流中充满自信的人，他的思维总是自由的、创造性的，这样产出的思想才会有深度。通过对霍夫曼的二语习得个案分析，我们发现在二语习得过程中，学习者对"自信"和"尊严"的意识对其学习效果有重要的影响，它既可能成为语言学习的动力，也可能导致学生选择逃避、止步不前甚至退步。同时，外语水平的提高又促使学生参与更多的社会交往，从而提升其社会尊严和自信，学生会在这些过程中不断地认识、评价自己。

在大学英语教学中教师抓住机会锻炼和提升学生的自信，关注学生的自信培养，充分运用教育智慧，捕捉机会点；再次，引导学生的意志、情感态度、价值观。教师收集整合好的题材，在语言操练的同时潜移默化地将自己的体验和感悟与学生的分享交融，引领学生去进一步体验和发现。教师的点拨能对学生产生非常大的影响；最后，建构真诚和默契的师生关系。这样，大学英语教师的教育教学实践会习惯性地引导学生们的知识习得、思维训练和人格养成。

2. 提升素养

第一，关于大学英语教师的素养。要引导学生的智慧生成，大学英语教师就要提升自身的知识习得能力、思维能力和修养品质等。笔者在上文中论述创新理念时有一个事实举例，的确让人惊叹部分英语教师的素质现状，说明了我们大学英语教师在专业和教育素养等方面要提升的空间相当大。在访谈中，一些教师还反映，阅读别人的东西觉得很有理，但自己的总结归纳能力不强，难以内化为自己的东西一这也不能不说大学英语教师普遍受其教育背景和后来教育教学观念之影响深刻。如果大学英语教师不创新教育教学理念，提升自身素养，仍囿于毫无生机地传授和让学生机械地记忆，会使自己的思维受限严重，结果当然会直接影响到学生思维的发展和智慧的生成。

以前的大学英语教师对付教学很容易，只要有一本语法书和一本词典。现在的大学英语教师对普通的教育学、心理学、语言学（包括心理语言学、社会语言学、应用语言学、语言测试理论）等至少都要有一定的了解才能称为合格。早在 20 世纪 80 年代，有学者指出，语言教学的四大基础学科支柱分别是：语言学；社会学、社会语言学及人类学；心理学和心理语言学；教育学。但是，直到今天，我们绝大部分大学英语教师没有系统研习过这四大基础学科，所以，整个大学英语教学可以说都浮于表层，仅仅触及了语言教学中的一小部分。这里的教师素养主要是指其教育教学素养。当然，教育本质对教师素质的要求、现实中学生的要求以及教育纲领性文件对教师素养的要求都是需要我们认真分析整理后践行的。这里，笔者仅将近三年的外教社杯全国大学英语教学大赛总决赛中的获奖教师感言和评委的点评作为一个案例，从教学这一角度析出优秀大学英语教师的素养要求或内涵。

第二届特等奖获得者韩子钱说：大学英语教师应成为学生学习的促进者和启发者，最大限度地发挥学生的主动性与积极性，使他们成为知识的发现者与创造者。山东大学的曹庆华感言：良好的教学效果是良心、智慧和汗水的结晶。林靖说：大学英语价值不应是高中英语深度的延续，可以把课堂延伸到英语国家在社会语言应用的各个层面。南开大学的梁婧说：教学更多的是用广博的智慧和精妙的方式与学生一起体验、分享和成长。语言教学更是如此，在课堂上教师与学生的互动、交流和分享是教与学过程的重要部分。复旦大学的叶如兰说：学生在大学英语课堂上的诉求是词汇的增加和更流利丰富的表达，以及充分的信息和深刻的思想。还有的提出了诸如：课堂设问最能体现教师的艺术创造；作为英语老师，更要有全球视野、世界胸怀，更要终身学习；教师要成为学生和教学内容之间的一个"隐形中介"；要做到轻松课堂，深入浅出。播撒爱心，注重情感；教学需要激情，需要用心，需要思考等等。评委的点评不仅关注基本功，更触及教育理念和对学生创新思维、批判精神、人生观等的引导。秦秀白教授在点评时表达过这样的观点：英语教师的立身立业之本—自身的语言功底；专业知识和人文素质；教学能力和敬业精神。

以上的点滴发言集萃，从一定意义上也导出了优秀大学英语教师需具备的素养要求，也就是说，从这些感言和点评中可以析出大学英语教师自身需追求的素养部分内涵。而大学英语教师要较好地践行选手和评委们所提及的角色，还需不断提升自身素养。解读以下不同时期三个概念，也可以帮助我们教师思考自身发展时要注意的重要元素：教师培训、教师教育、教师发展。这三个概念，本身就是一个"发展"的结果。教师教育，不仅仅是教给教师一些教学的技巧、方法，而是为了提高教师的理论水平、提升思维能力和空间，为教师开设语言学、教育学、心理学等课程。而教师发展，除了与教师讨论一些理论，分享一些原理、原则和最新发现，更多是鼓励教师开展行动研究，指导教师观察教学行为、反思和评估教育教学效果，让教师在教育教学实践中验证发现，形成个人知识，创新教育教学理念。

北京航空航天大学外国语学院向明友教授在他的一次讲座中提出，知识、素养、能力三位一体成就合格教师。知识是基础，素养是保证，能力（学习能力、应用能力、批判思维能力）是关键。李观仪先生在谈什么样的教师才是合格的英语教师时，首先指出：具有坚实的英语基础和良好的听说读写技能。最根本的要求是准确流利的语音语调、全面的语法知识、一定量的词汇、应付自如的听读技能和流畅得体的说写技能。秦秀白教授非常强调"以德化人的理念，老一代中国优秀高校英语教师更加注重作为教师首先必须具备的人格条件，秦教授以自身几十年的英语教育经历证明他的重要观点，即一名教师只有具备了良好的道德和情感修养，他才会有无穷的智慧。大学英语教师如何提升完善自身，发展智慧？我们可以遵循以下原则：理念引领；目标渐进（进行差距分析，根据分析理论，初期可降低目标；按照"最近发展区"理论确定目标；分阶段实现目标，逐渐走近目标。）；团队合作（个人带动团队，团队影响个人）；和谐追求（在追求自身完善时，永远关注智慧的一个重要关键词，即和谐）。可以借鉴的路径：增强意识，创新理念，明确目标，提升能力（知识结构、专业能力、教育教学能力、课程开发能力、交流能力等），整个实践过程需要用心，不可缺少内在的思考。更需要的是一种精神和力量，这种力量形成于不断追求与超越的个人内心，来自于发展和完善着的团队之中。

第二，个人的不懈追求与超越。我认识的一位学者（称之为A教授），我将以她的示例作阐述。她是大家公认的英语教育专家，因为她从未停止过对自我素养的提升和完善，对优秀的追求与超越。从文教授的发展历程可以看出，大学英语教师，尤其是现时代的大学英语教师，不断提升自身素养的重要性。而教研结合、反思与学习、实践结合是教师提升自身素养的有效途径。A教授的求学和工作历程：上中学开始接触英语，遇到一位非常好的英语老师，老师不仅人好，而且读英语时的语音语调也非常优美1971年在农村教英语，自觉地教研结合，取得了好的成绩；1973年考入某师范大学学英语，悟出了一个道理——只要肯下功夫，就能成功；1976年留校师范大学任教，留校后，不仅跟着有经验的教师学习，而且自己还苦练语音等基本功。在想尽办法提高英语水平的同时，又到教育系选修了为本科生开设的教育学、心理学、生理学、统计学课程，用A教授自己的话说就是："这样边工作边学习，拓宽了作为一名教师的知识储备。"1982年，A教授又担任了英语教学法的授课，虽然是较大的挑战，但是在老师的细心帮助下，加上自己经常去中学听课，向有经验的老师求教。而且，A教授还给自己一个压力，那就是用英语讲授教学法这门课。天道酬勤，她成功了。笔者认为，对教育心理学、统计学等的系统学习和担任英语教学法的教学，这些历程，对于A教授后来的学习、教学和科研应该是影响很大的，在一定程度上，因为这一历程给她的体验和感悟，让她不同于许多的英语专家。

1984年，A教授到孟买大学语言学系攻读硕士学位，修了八门课程：描述语言学、语言学流派、心理语言学、社会语言学、历史语言学、语义学、句法学、田野调查方法。这些课程，无疑深厚了其理论功底和加强了其科研能力。这三年里，A教授没有回国，儿子从四岁长到七岁也没有见到母亲但收获了其"脱胎换骨"的学习经历。后来回到师大工作后，开始教学和行政双肩挑，但是，对教学的研究有增无减，A教授开始思考：到底应该以学科的知识体系来组织教学，还是应该从学生感兴趣的问题出发，以培养学生学习某个学科的自学能力和初步的研究能力。如今的A教授，对这样的问题已经转换了视角，她的观点是："以学生的问题为教学的起点，以培养学生的能力为终点。A教授提倡，教师从现有的知识体系中解放出来，创造性地组织教学。因为从根本上讲，仅仅课程教学本身不足以让学生掌握一个学科的知识体系。

后来 A 教授到香港大学读博士，从理论语言学进入到一个新的应用语言学领域，既学习基础理论，又学习研究方法。博士毕业后，更加注重教书育人和突出学生的主体作用，注重培养学生的思维能力、独立学习能力和研究能力，通过多种形式和学生频繁交往，和学生们谈做人、做事、做学问。笔者认为，这个时期她的教育理念指导下的实践，一定是引导学生乐学善思和智慧生成的。A 教授给她的研究生们的意见是，"要做好学问先要做好人。"同时提倡他们合作学习的精神。A 教授的求学、工作历程是艰辛的，但却是丰富、充实和智慧的。A 教授曾表达了这样的感悟"人生意义就在于不断应对挑战，不断超越自我，不断进取。"随着求学和工作经历，其视界不断开阔，从仅基于语言学对外语教学的研究，提升扩展到教育学、社会学、哲学、语言学等多学科以及多种研究方法的背景之下对英语教育的研究。另外，A 教授的以下几个特点，对我们大学英语教师在追求自身发展历程中也会很有启发。

一是热爱生活、善于反思总结。一个人如果具备这样的心态，即使在逆境中也不会丧失意志，在生活中不会迷失方向我认为 A 教授的成功在于她热爱生活，对每一件很平常的事，都很投入。"插队在农村教小学生时，为了把三个年级的混合班教好，她总结了三个原则。当时，完全不是为了科研，纯粹是为了把工作做好而进行反思总结，但这一定是其后来科研的前奏——一种教研结合意识的养成。

二是关注前沿，重视解决教学实际问题。A 教授在香港中文大学攻读博士学位期间，为了使研究转向，即从以教师为主转向以学生为主的教学理念，申请将已经完成了开题论证的论文题目改为"英语学习策略研究，这意味着要缴纳两次注册费和多花一年多的时间。这也体现了 A 教授关注培养学生学习策略的认识，她提出，任何课程，光靠老师课堂传授，或者光靠学生死记硬背都是不行的，要琢磨个道理、讲究策略，才能提高学生素质，培养学生的创新性。当然，她也重视语言学理论方面的研究，做到了理论和实践的有机结合。同时，她对语料库建设和研究的重视也体现了其关注教学与现代技术的结合。她年关于微课在大学英语教学中的应用，关于输出驱动假设在大学英语教学中的应用：思考与建议等用以指导我国英语教学的系列讲座和论文，体现了其科研选题的时代性，也体现了其选题总能触及我国外语教育中的重大难题。

第三，团队的持续发展与影响（一个大学英语教研室素描）。这是笔者曾考察过的一个普通院校的大学英语教研室，成立数年。是一个凝聚力强，充满快乐的团队，个温暖幸福的大家庭。"以人为本、和谐、创新"是她们的理念；她们 以贯之的是"微笑交流、严谨、务实的态度，合作、奉献的精神"。在这个团队里，教师们享受生活的愉悦和幸福，追求工作的高效与卓越，体验成长的激动与喜悦。

这个年轻的团队，正在逐渐完善她们的管理，目前，教研室已经建立了青年教师导师制度、教研活动制度、教学检查制度、教学督导工作职责、考试命题工作规范等。还制定了备课小组工作规则和教研室主任、主任助理和各主管工作细则。为了调动每一位教研室成员的积极性，积聚大家的思想和智慧，使教研室工作更加有效，该教研室将工作分为四大块：日常教学、教师发展、科研、考试，分别设有四个主管，负责牵头各块工作，还设有教研室主任助理。教研室的每一项工作有都计划、有过程记载、有总结，每年12月份，各主管组织大家将全年收集的材料进行整理后装订成册。需要提出的是，教研室每一块工作的开展，并不是主管们孤立行事，教研室所做的每一件事情，都汇集着团队的力量。主管们牵头组织和负责，其他同事积极参与力所能及的事情，对分配的任务，从不推脱。团队培养了教师们的严谨与细致。这里对教研室考试、阅卷方面的管理工作进行介绍，也许看上去很平淡无奇，又显累赘。但实践证明，原本粗心、敷衍的教师经过三次左右这样的过程，都会变得细致严谨起来，这也是高校教师必备的素养。

为了促进考试及阅卷工作的规范化、科学化，使考试更为有效，根据学院和部门关于考试、考核及成绩规范管理的有关要求，教研室对考试阅卷等工作做到了精细化管理：每学期开学初，教研室考试主管就组织大家商议并制定详细的"考试工作计划"。第2周和第3周各备课小组制定所任教课程的期末考试命题规范及工作安排。各备课组长对命题工作进行具体分工，以便让备课组的老师们在日常教学中留意、思考试题的命制。第12周，由备课组长组织教师们整理在日常教学中思考命制的试题，合成试卷。第13和14周，由各备课组长组织本组教师对试卷初稿、二稿、三稿进行校对，并如实填写期末试卷校核登记表。第周由教研室考试主管、教研室主任对各组试卷进行审核，再由教学副主任对试卷进行抽审。

关于期末阅卷等工作的描述：每学期期末考试前一周，由考试主管制定具体的期末考试阅卷工作安排。教研室的阅卷工作全部集中时间在教研室办公室集体完成，阅卷前，教研室统一阅卷要求；各阅卷组，组织老师集中认真学习阅卷明细。阅卷过程中遇到任何问题，及时提交考试主管和教研室主任商议解决。另外，教研室有阅卷备忘本，阅卷过程中出现的问题都会登记在备忘本上。期末阅卷工作完成的当天，由各备课组长就整个阅卷工作进行及时总结。学生期末考试成绩出来后，分成两人一组进行成绩登录，成绩登陆完毕，由各任课教师对所教班级学生成绩进行整体分析、完成考试质量分析表。然后，各备课组就整个年级学生期末考试情况进行研讨：反思试题的拟定，平日的备课和教学等方面存在的问题，并商议改进的措施。学期末，考试主管就该学期的所有相关工作进行总结，并撰写书面汇报，这一总结反思环节为下学期的工作提出建议和希望。

以上是对教研室考试管理工作的描述，也许显得啰嗦了，但正是这一种有序精细的风格，培养了教师们的严谨、细致，有条不紊，也是这种团队合作氛围，熏染了教师们的一种精神，让大家在不断地研讨、否定、肯定中不断前行，教师们会不自觉地将团队的风格用于自己的教育教学之中。如果说该教研室的考试管理工作主要特点是精细的话，那么，在教学和科研管理方面的主要特点则是团队合作，她们秉持也践行"个人的优秀带动集体的进步，整个集体的先进引领个人的成长。"

以教学为例，多年以来，该教研室在教学方面取得了较明显的进步。许多学生有了这样的意识：英语课程的学习，既是通过英语学习和实践的活动逐步掌握英语知识和技能，提高语言实际运用能力的过程；又是磨砺意志、陶冶情操、拓展视野、丰富生活经历、开发思维能力、发展个性和提高人文素养的过程。此外，任教的学生参加省普通高校大学生英语演讲比赛，两次获得团体一等奖；在全国大学生英语竞赛和全国大学生英语风采大赛中均获得好的名次。教研室的老师们在校级教学比赛中多次取得好成绩，并获湖南省高校青年教师教学能手称号，在省大学英语教师讲课比赛中多次获奖等等，这是几处显性的成绩举例。其实，最让团队成员心怀激动和慰藉的，是与一批又一批的学生们从初次见面的生疏发展到最后的"神往"，是努力之后，学生们在思维方式、学习能力以及情感、态度、价值观方面的发展，大家看重这一份隐性的收获，近年来，教研室更关注并一直在追求这一份力量强大的成绩。为此，团队成员们不断探索，研讨。通过内容丰富、形式多样的活动和工作提升素养、改善教育教如：集体备课、示范观摩和诊断性听课、集体听课评课、专题研讨、学生座谈、与学生谈心、学术讲座、读书报告会、学术沙龙、与兄弟院校的交流、参加学术年会等等。其中，最经常的是她们开展的专题研讨教研活动。专题研讨采取主讲发言、其他教师补充或提问、集体讨论的形式，该类活动分为部门、教研室和备课小组三个层面的。

部门每学期举行 1-2 次大型的教研活动；教研室组织 6 次，备课组开展 5 次。教研室层面的专题研讨活动是这样的：平均每两周举行一次教研活动。目的是解决平时教育教学中存在的主要问题，以提高大学英语教学的有效性。关于教研活动主题的确定：为了融汇思想，让每一位老师都积极参与进来，发挥大家的力量，同时，提升团队成员整体的组织管理能力，教研活动主题首先由备课小组长收集老师们的主题建议，在每学期第二周教研室会议上进行研讨，选出个主题集体讨论整合后，定为学期教研活动。教研活动的主持人基本上每次都不一样，一年下来，每一位教师会担任 1 次主持人。关于主持人的确定，没有特别的硬性要求，老师们会选择自己感兴趣的话题踊跃担任专题研讨的主持。另外，在学期初就制定好整个学期的教研活动安排表，安排表明确每次活动的时间、地点、主题、主持人，主讲人，而且对协助人、对负责执笔纪要、负责拍摄、负责办公室布置等人员都有预先的安排。教研活动安排表，与教研室工作计划和教研室活动计划一起在学期初就发至每一个同事的邮箱。该教研室研讨过的教研活动主题举例："以输出为驱动的大学英语课堂教学设计'"，是针对当前大学英语教学普遍重输入、轻输出这一问题提出来的；"基于课堂学习研究理论的大学英语教学研讨"，是为了探究大学英语教学内容的合理选择，教学目标的科学设定和有效达成等而选定的；"中外教师同台授课研讨"，是为了提升中外教师合作教学效果，与外教一起进行的关于教学理念、内容，教学设计等的研讨活动。而针对诊断课、示范课和观摩课的集体听课、评课，则是教研室每学期的经典活动。

逐渐优质的教研活动在教师理念创新、教学方法改善、教学机智增长、以及引导学生的乐学善思、师生关系的和谐与实际问题的解决等许多方面都起到了较大的作用，促进了教学改革，提高了教学效果，丰富了学生的学习生活。比如在教师理念创新方面，2019年，教研室承担了省级教改课题"基于学生全面发展的大学英语教师教学理念研究"和院级教改课题"基于本科层次小学教师培养的《大学英语》课程教学究"，这期间，开展的一系列研讨都直接或间接与这些课题相关。之后，教研室先后承担省哲学社会科学规划课题"大学院教师的教育信念研究"、省级教改课题提升课堂生命活力：大学英语专念教学研究与实践、省教育规划课题"转型期大学英语教师的角色研究"等省级课题，以及多项校级教改课题研究，都是围绕大学英语教师理念、教师角色、课堂教学改革开展。短短的几年，大家对语言及语言教学的本质有了全新的认识，对和谐教育、大学英语课程教学、高等学校人才培养和国际化人才培养等要求有了较深的解读，教师们对大学英语教师的角色和使命从不确定逐步变得明晰。

不能否认，大学英语教师的科研普遍比较薄弱，该教研室教师的科研虽然也比较薄弱，但却是不断进步的，与自己纵向比较，还是有点滴成绩的：成立时，该教研室的科研几近于零。近三年，教研室共发表学术论文20余篇，其中，近十分之一的文章发表于核心期刊或被人大复印资料全文转载。有3篇荣获省大学英语学术委会年度论文一等奖，多篇获二、三等奖和优秀奖。主持省部级课题3项；建设校级精品课程3门；主编教材6部，参编教材10余部。为了取得科研方面的进步，该团队做了许多的尝试和努力，虽然成绩很微小，但每一位团队成员都感激这一路走来温暖团队营造的互相帮助、相互鼓励、共同成长的氛围。

该教研室秉持教学带动科研，科研促进教学，从而提升教师的专业内涵和整体素养，对教研室管理科学化和有效性的追求，团队意识的浓厚，系列工作的不断开展和及时反思、研讨，促进了教师整体的发展。该教研室成员的职称和学历结构发生了较大的变化。六年的时间，每一位团队成员，都在职称上晋升了一级，在学位上提升了一等。如果说，该团队成员有些许的成长，教研室还取得了点滴成绩的话，团队中人文的关怀，自由的创设和智慧的引导是教师们蓬勃生长的沃土。该团队表示，会一直心存感激，坚定"以人为本、和谐、创新"的理念，秉持严谨、务实的态度与合作、奉献的精神。在大学英语教育新的转型期，团队成员将开始一个新的超越一那就是不断走近她们的角色目标：成为学生和谐发展的引导者、中西方文化传递、融合意识的发展者，学生英语语言能力提升的促进者、学生跨文化交流素养的培育者，学生智慧生成的引领者。团队每一位成员都希望能为学生的幸福成长与和谐发展，为高等学校的人才培养质量尽最大的努力。

该团队是一个很普通的团队，却又是一个不断进步和发展的团队，从中可以总结发展教师自身智慧的原则，理念引领，目标渐进，团队合作，和谐追求。优秀的个人带动团队的发展，好的团队又促进个人的成长。本研究只希望通过对这个团队的素描，能给其他团队建设起到抛砖引玉的作用，从而影响大学英语教师素质的提升和智慧的发展。

作为学生智慧发展原动力的教师智慧，不仅是学生人格养成的需求，在引导学生的知识习得和思维训练等方面同样重要，只是因为文的整体要求，本研究暂且如此安排。本章提出了人格养成是学生智慧生成的灵魂，基于外语教学的特点，主要从跨文化交流视角的语境中阐释了明晰文化态度与坚守翻译伦理，也兼顾了普遍意义上的对学生情感、态度、价值的引导，并提出了基于教师角度的对学生人格养成的关注点。第三、四、五章主要探究了大学英语教育如何引导学生的智慧登成。知识习得、思维训练和人格养成，不是彼此孤立，而是和谐融合，贯穿于大学英语学习的始终。三者相辅相成，其合力引导学生逐渐走向智慧一知识习得让学生丰富，思维的不断发展和人格的逐渐养成，将学生引向智慧，无疑会作用于对英语这门"工具"的真正掌握。由此看来，引导学生智慧生成的教育，不仅让学生更加智慧，而且当下教师的迷惘和"费时低效的大学英语现状也自然会迎刃而解。

第六章 智慧课堂：大学英语教育智慧引导的载体

信息化的大学英语课堂教学改革给传统的外语课堂教学注入了新的血液，课堂教学系统中各种教学要素都相应的发生了变化，信息技术走到了课堂教学的前台。然而，"技术中心论"夸大了信息技术在外语课程中的作用，认为信息技术能够解决大学英语教学中的所有问题的观点是荒谬的。传统大学英语课堂教学系统的平衡由于教学要素的变化被打破，于是导致了诸多失调现象。如果把语言教学规律放在一边，忽视这些大学英语课堂教学出现的失调现象，按照生态学理论来讲，"排异现象"就会发生。网络环境下大学英语课堂教学还处于"磨合期"。研究表明，课堂教学系统中各种生态失调现象不断出现，对此也听到一些质疑声。在这个时期，我们应该保持清醒的头脑，承认信息技术与大学英语课程的整合是必然趋势，但是在肯定教改模式优势的同时，需要客观分析造成失调问题的原因并研究解决问题的方法与途径，结合本校教育现状，探索出一条适合地方高校发展网络环境下大学英语教学的优化道路，为我国大学英语教育事业的发展提供理论支持与实践依据。

一、大学英语课堂教学的优化

作为大学英语课堂教学生态系统里的关键生态因子，教师的优化是大学英语课堂教学优化的关键。信息技术走进课堂，为教师带来创新的机遇，更带来发展的挑战。在最优化教学原则的指导下，教师应该随着环境的进化而不断改变自己，以适应生态系统的整体发展观，使教学效果达到最优化。也就是说，教师发展是优化信息环境下大学英语课堂教学的核心之一。

（一）以信息化为手段的课堂教学的优化

根据实证研究发现，大学英语课堂教学教师教学方法滞后，不能灵活运用信息化教学模式，甚至换上 PPT 依赖症等问题，笔者认为，应该在生态学理论指导下，按照转换、兼容和多元教学优化原则做到：教学方法由传统向现代的转换；传统教学法与先进的教学方法彼此兼容；建立教学模式多元化生态教学理念。

第一，教学方法由传统向现代转换。根据生态系统能量转换的理论，在生态化的大学英语课堂中，作为生态链上的核心因子—教师应把学生自主学习能力的培养放在首位，教会学生随着信息和环境的不断变化提升自己的认知能力、终身学习的能力。教师应改变课堂教学理念，为学生营造出一个科学的语言教学环境，改变传统的教学方法，创造主动性教学模式。从封闭式传统教学法转变为新颖的开放式教学法。教师教学重点应从语言基本知识转变到培养学生听说能力以及跨文化交际能力上来。在教师主导－学生主体的大方向下，创设互动式的大学英语教学课堂。在教师的引导下，做好师生之间、生生之间的多向交流。

第二，传统教学法与现代教学法的生态兼容。在教育生态学"兼容"的理念指导下，把先进的教学手段与传统教学方法融合在一起。在探索采用信息化教学方法的同时兼容优秀的传统教学法。让传统的研讨课、讲演课、课程论文、观点陈述等教学方法和围绕学生中心应用的情景假设、协作学习、主动探究、会话商谈、意义建构、任务型教学、交互式教学、探究式教学、案例教学等多种新型教学方法进行生态化兼容。新方法要科学采用，旧方法要择优保留。比如，PPT只是课堂教学中的一种知识传播手段，而不是唯一的教学手段，优秀的教师依旧需要站在传统的讲台之上尽情展示自身的才华和魅力。

第三，教学方法、教学模式多元化。从宏观上看，中国高校区域差别大，办学条件千差万别，还有不少学校无法实施信息化教学模式。信息化教学法的运用需要相应的教学条件、师资力量和生源水平。针对不同层次的学校和学生，新方法也有其特定的优势和劣势，摒弃传统教学模式的长处，只靠某种新型教学模式和方法来实现教学目标也是不可取的。比如课堂教学分级制一直是高校大学英语教学的改革重点，即便有些学校由于种种原因取消了分级教学，但是像佳大这样的地方高校，学生水平参差不齐的现象会一直存在，分级教学在网络环境下依旧显得尤为重要。教学的关键不是设计何种教学方法，而要适应不同的需求以产生最满意的学习效果。一种激进的说法是："一切方法都很有趣，不存在最好的方法"。所以，在网络环境下，根据环境的多变性、学生的差异性采取多元教学法是课堂教学生态优化的重要内容。教育心理学家加涅提出了为学习者设计教学的原则。教学设计应当针对合适的学习者。大学英语课堂教学方法滞后，教学模式单一的失调现象，笔者认为教师应该树立现代化多元教学观，即利用现代化教学手段，根据不同学生、不同课型、不同的教学目标和教学条件采取灵活多样的教学方法、灵活运用信息化教学模式。

（二）强化大学英语教师的信息化素养

新时代的英语教师应该具备复合型的知识结构，从而达到发挥信息技术的优势，在网络环境下进行有效教学。有专家认为，网络环境下大学英语教师的信息知识结构有以下三级标准：掌握计算机基础知识以及基本操作水平；熟练使用课件并且能够制作中等水平的教学课件；掌握教学原理以及计算机原理，熟悉多媒体开发技术、数据库开发技术，具有较高编制程序的能力。目前，我国大学英语教师的信息教学能力基本不能达到第三层次。在软件设计方面还需要电教专业人士的共同参与。陈坚林（2010）认为，根据我国大学英语教学改革现状，大学英语教师应该具有以下几种最基本的"信息－教学"素养：

一是用好"活书"的能力。网络环境下的大学英语教学的教材已呈多媒化趋势。教材内容以多媒体，特别是超媒体技术，通过动态化发展、立体化表达方式呈现在课堂上。除了文字以外，声音、动画、仿真三维景象是大学英语立体化教材的独特之处。教材内容在网络学习平台上，通过无形的链条互相串联，课本变成了"活书"。大学英语教师必须拥有用好"活书"的"信息—教学"能力，在备课时认真研究如何设计"活书"的教学方法，让学生把"活书"学好。二是选好资源的能力 网络环境下大学英语教学的学习资源具有全球化特色。全世界的外语教育资源在教学网络平台上形成一个知识、信息的海洋。网络上的教育资源类型繁多，良莠不齐。面对这样一个外语教学资源海洋，英语教师必须具有选好教学资源和优化组合教学资源的能力。三是设计好虚拟环境的能力。大学英语课堂教学环境具有虚拟化特征，教学活动可以不受物理空间和时间的限制。教师应该学会根据课堂教学的主题、技术环境、文化背景等设计好虚拟教室、虚拟场景等虚拟的外语教学环境。四是学会运用信息化教学方式。信息化教学具有个性化、自主化和合作化等特色。教师应该利用网络教学的优势根据学生不同特点进行网络环境下的大学英语个性化教学；教师要能利用信息技术环境教会学生技术支持下的自主学习方式，做好学生自主学习资源的提供者、自主学习的辅导者和促进者；教师还要以平等的身份参与到学生自主学习中去，并且能够帮助学生设计好网络合作的学习方式，完成特定的学习任务。设计任务、组织任务、评价任务的能力也是英语教师必备的信息素养。

根据以上对几种基本信息素养的概括，笔者认为，在具体教学过程中，教师信息素养和信息教学能力大致包括以下一些细节：将网络信息技术运用于大学英语教学的熟练程度；在课堂上需要快速从互联网上找到合适的英语教学资源；真正掌握并运用网络环境下有效的教学策略与教学方法；能够利用计算机互联网设计开发有利于培养学生自主学习能力的英语学习活动；能够利用信息技术培养学生的探究热情和合作性自主学习能力；能够有效利用网络环境的优势针对学生个体差异进行因材施教；能够利用网络技术帮助学生解决学习上的难题，完成复杂的任务并且培养他们的批判性思维能力；能适应学生不断变化的学习计划，教会学生"如何学习"；教师应该引导学生探索个性化自主学习方式，帮助他们确定学习目标、制定阶段性学习计划，对学习过程进行自我监控，对学习结果进行自我评估等等。教师拥有了先进的教学信念后，利用良好的信息素养，在大学英语课堂教学中才能采取生态化多元教学方法来优化课堂教学。

此外，教师发展是优化教师教学观（教学信念）、教师信息素养以及教学方法多元化的重要途径。教师自主和相关的师资培训是教师发展的重要内容，而师培体系建设不光是一个部门、一所大学的问题，它受到学校、省甚至国家大环境政策层面的制约。在前人研究的基础上，根据佳大大学英语教师的师培现状和教师对师培的期待，笔者认为现代化大学英语教师发展框架的支撑内容应包含以下几点：

首先，实现大学英语教师的自主性。教师的自主性包括内在自主和外在自主。内在自主意指教师对自身的主观世界具有自主开发、自主规划的潜能。外在自主性是指教师对教学客观环境具有自我决定、自我支配的权利；内在自主的内涵有以下三个方面：一是教师要具有终身学习的信念。大学英语教师应不断提升自身的英语专业知识和教学能力，特别是信息教学能力，调整自己的知识结构以适应教改模式。二是课堂教学应体现教师的自主性。大学英语教师应该根据信息化课堂教学的特点灵活组织课堂教学，时刻关注学生的兴趣和表现及时调整教学方法和教学进程；根据教学活动的目的适时调整教学手段和教学环境；根据不同层次学生的认知结构和身心发展规律进行相应的指导。三是教师需要通过教学反思来分析和评价自身的教学过程，进而调整教学活动，实现教师自主和自身的职业发展。外在自主内涵包括：让教师拥有更多的自主权；建立多元化教师评价制度。注重教师教学过程性评价与结果性评价相结合，通过制定科学的教师评价制度促进教师自主能力的发展和教学水平的提高，逐步改变以往仅仅依靠单一的量化评分来评判教师的教学业绩的片面做法，做到评价有突破，体制有创新。王守仁（2009）曾指出"大学英语教师要自觉成为学习型教师，与大学英语教学改革进程同步发展，加强终身学习的意识和能力，方能应对挑战，胜任工作"。戴炜栋（戴炜栋、王雪梅，2011：8-13）认为外语教师专业发展应是教师的一种自主自觉行为，即教师在知识建构和反思学习的基础上，不断提升自身的教学能力、科研能力和师德修养的过程。也就是说，大学英语教师应该通过不断的自我知识建构与反思来更新自己的专业知识、提高自己的综合素质，进一步强化终身学习理念，在学术研究的团体氛围内以及现代教育技术的信息化大环境中进行教师专业发展研究。像佳大这样教育资金投入不足的地方高校，大学英语教师的自我发展、自我培训应该是师培的首选路径。

其次，建设智能化教师发展平台，让外来物种—技术来优化教师素质，为教师发展服务。学校应支持公共外语部建设一个大学英语教师网络发展平台。平台应拥有各类外语教学多媒体资源以及精品课程录像。教师根据课程不同类型或者所教授年级建构不同模块进行教学研讨交流，在群体氛围中培养信息教学素养。每位教师应为自己建立电子教学反思档案，反思自己的课堂组织、教学效果、学术研究、学术成果等，对自己的教学与研究活动给予评析、支持或者修正。反思档案袋可以借助博客、微博等形式完成。同伴互助和专业引领等也应进入平台。不同年龄、职称结构的教师共同交流体会，在充分利用网络信息技术资源作用的同时增进信息教学能力。

二、学生英语自主学习能力的培养

联合国教科文组织在新世纪提出了终身教育原则以及学会认知、学会做事、学会生存、学会合作思想，它的基本内涵就是培养学生学习、实践、适应信息社会以及合作学习的能力。生态化视角下的大学英语课堂应培养学生语言习得的习惯（即学会认知），把学生自主学习能力的培养放在首位，教会学生随着信息和环境的不断变化提升自己的认知能力、终身学习的能力教师应改变学生学习观念、提高学生信息素养，培养学生信息化环境下学习策略等自主学习技能、强化自主学习过程监控，为学生营造出一个科学、良性的语言教学环境，把培养学生网络环境下的自主学习能力作为优化大学英语课堂教学的核心因素。

（一）学生自主学习观念、信息素养、学习动机、学习策略优化

网络自主学习是人脑与电脑并用的新型自主学习模式。这种模式下的自主学习需要学习者的智能、创新思维、批判思维与技术的有机整合。当代认知心理学家认为：没有任何教学目标比"使学生成为独立的、自主的、高效率的学习者"更重要（何明霞，2010）。在信息化时代，一个称职的大学英语教师应该拥有"授人以渔"的能力，网络环境下学生自主学习能力的分析和培养显得尤为重要。学生在网络环境下大学英语自主学习课堂的自主学习会受到许多因素的影响，如自主学习观念、学习动机，学习策略，信息素养、教师介入等。正是这些重要生态要素的失衡导致了网络环境下大学英语自主学习课堂生态系统的失衡现象，最后导致自主学习效果不佳。在第六章讨论的"兼容教学要素"和"主导式自主学习"教学优化原则的基础上，笔者认为，学生自主学习观念、学习动机，学习策略，信息素养是大学英语自主学习中心生态系统中重要生态因子，他们互相牵制，缺一不可，他们的协调统一、共同发展是实现课堂生态优化的重要内容，是培养学生自主学习能的关键所在。因此有必要对学生的网络自主学习进行适当的干预，发挥教师的主导与支持作用，帮助学生掌握网络自主学习策略并对学生自主学习观念、信息素养、学习动机进行有效优化。

第一，学习观念的养成。教师需要帮助学生从知识的被动接受者转变成学习活动的计划者，学生应主动制定学习目标、规划小组活动、评估自主学习成果并能对他人学习提供建议。只有教会学生真正认识到这种角色（观念）的转换，网络环境下大学英语教学模式的改革才会取得成功。

第二，教师需要帮助学生学会在网络环境下抵制不良诱惑、查找资源、发现问题、互动交流的能力，并且提供认知支持，从而实现有意义的学习，提高信息素养。

第三，教师需要帮助学生转化外在动机为内在动机、培养学习综合动机。以"学生生命发展"为核心，充分满足学生个性发展需求，深刻体会学生的情感世界，积极引导学生主动探索未知世界，激发其自主学习的兴趣和动力。

第四，教师需要认真研究利用信息技术进行自主学习的策略和方法，并采取有效措施教会学生掌握网络环境下大学英语学习自主学习策略。

（二）显性、隐性大学英语自主学习能力培训

大学英语教师在教学实践中应该采取针对性的教学方法和教学模式，发挥教师主导的

重要作用，从"显性"、"隐性"两个方面对学生进行外语学习理论、学习策略培训。具体可以采取以下措施：首先，对学生强化"显性"培训笔者认为，新生入学初期是语言学习理念和学习策略培训的最佳时期，应该为新生开设自主学习能力培训课程，进行为期一个月的有关语言观和语言学习策略的"显性"培训，充分发挥教师的主导作用，提高学生对语言能力的认识，增强语言学习中策略能力和自我反思与自我管理的元认知能力培训。教师可使用《大学英语自主学习能力培养教程》、《大学英语语用交际能力自主提高教程》、《大学英语课程学习指南》、《大学英语学习策略教案》和《外语学习理论教程》等相关教程。这些教程的电子版还可放在大学英语网络自主学习平台上，供学生自主学习。其次，对学生进行"隐性"培训 笔者认为，英语教师需要在教学过程中不断向学生渗透自主学习相关知识，比如：开学初就指导学生设定一个完整的学期计划，然后再制定具体的月、周学习计划；经常向学生倡导自主学习的观念，培养自主学习的意识；在教学过程中培养学生的内在动机，让学生喜欢英语、享受英语，并把英语看做开阔文化视野、培养交际能力的综合素质课，激发其英语学习兴趣，帮助他们树立学好英语的自信心，内在动机可以在任务型等现代网络环境下的教学过程中加以培养；系统介绍网络环境下学生自主学习的方法或策略，引导学生思考并正确使用学习策略和学习方法；鼓励学生利用校园网自主学习系统和资源进行自主学习；经常与学生进行网络互动交流；认真备课，设计借助网络环境能够真正提高学生英语基本技能以及批判性思维能力的教学活动，教学活动还要有利于促进学生相互合作的设计，如两人活动、小组讨论、角色扮演等，从而提高学生利用信息技术解决问题的能力；充分利用校园广播播放语言学习材料，鼓励学生课下听英语广播，参加英语角、英语竞赛等活动；要求学生经常阅读英文报纸和杂志，并且推荐给学生一些有用的英语网络学习工具和网上资源、网址等，鼓励他们利用网络学习；教师要舍得利用时间针对学生的自主学习进行在线答疑，帮助学生发现错误，并且提出适当的改进意见；鼓励学生利用电子邮件、QQ 等交流问题；在线公布课后作业以及其他课程信息；在线收取、批阅学生作业并且记载和监督学生学习情况，对学生进行网络环境下的形成性评估或评价。相信在教师课堂教学的潜移默化中，学生网络环境下大学英语自主学习能力会有质的飞跃。

此外，还可以尝试建立学生自主学习的外部监督体系。监控与管理严重滞后是网络环境下大学英语自主学习中心出现生态失衡现象的另一重要原因。网络环境下大学生自主学习需要保持高度的自控力，而自主学习中心的学生普遍缺乏"自主性、独立性"，是一个自我控制水平比较低的学习群体。要解决这一问题，需要建立一种科学的多元监控体系。通过教学实践和其他学者的相关研究，笔者认为：教务处、督导处、辅导员、教师、学生及网络平台应该互相协调，共同参与自主学习中心的自主学习监控，组建一个多元的自主学习监控体系（何明霞，2012）。具体包括：教师的角色（激发者、监控者、指导者、诊断者、评估者）介入；同伴相互监控（互查学习结果并给予评价，给出学习策略调整建议等）；班主任及辅导员介入（人生观教育，学习策略培训，学习时间管理，以量化考核标准，反馈学习结果，激发学习兴趣）；教学管理机构介入（自主学习学分制、教学督导制、横向协调、纵向沟通）；网络技术监控，包括监督、评价与控制等活动。相关人员利用网络平台对学生网络自主学习实施实时监控，进行注册、登录、记录网上学习时长以及学习内容，记录测试结果与评价，在线答疑，实现学习者之间以及师生之间人机互动，记录交流内容，出具报告并由教师掌握，为教师了解学习者网络环境下大学英语自主学习情况做出客观评价。

结　语

研究总结：时代特征、学生特点、社会需求，将大学英语推进了新的转型期，而"费时低效"的大学英语却陷入了其发展的"瓶颈"内。大学英语界将视线聚焦于大学英语的目标再定位，许多人质疑大学英语课程是否有其存在的合理性，沸沸扬扬的讨论，使大学英语界或多或少有着焦躁、惶恐和忧心。关于取消大学英语等的讨论，并不是说大学生的英语水平已经达到不需要继续学习英语的程度，而恰恰体现了大学英语教学目标的不明确，教学质量与效果的不理想，凸显了其贫瘠和困境。

本研究认为，大学英语课程十分有必要开设，只是需要解决如何科学定位、如何有效开展教学等主要问题。本研究的结论：大学英语是高等学校不可或缺的一门课程，不能"转向"，更不能取消。其发展路径是，超越当前知识教学的"三情结"（纠错、讲语法、应考），追求智慧教育—大学英语教育需追求引领学生的智慧，直接目标是培养学生跨文化交流智慧，终极目标是促进学生的和谐发展与人生幸福。大学英语教育关注学生智慧的引导，追求智慧教育的目标，不仅提升学生的全面发展和人生幸福，而且会让学生逐渐真正把握英语这门语言。让大学英语教育不再"费时低效"，并顺利突破"瓶颈"，不断发展。

智慧是一个很难言说的概念，本研究坚定地选择了"智慧"，在前人研究的基础上，基于的智慧平衡理论和模型，试着探究了生成智慧的三要素，即"知识是基础；思维是关键；人格是根本。"，并提炼出智慧的两个关键词：人文与和谐。智慧蕴涵人文，智慧彰显和谐。提出转识成智的关键点是"个人知识"。智慧教育是智慧引导的路径，是关注人文与和谐的教育，智慧教育不是灌输所谓的智慧理论和信息，而是要引导学生的知识习得、思维训练和人格养成，智慧在理解真知、正确判断和恰当实施'的过程中得以生成和体现。在此基础上，阐述了智慧引导的大学英语教育功能的内涵，论证了大学英语教育"智慧引导"的功能以及外界对大学英语教育"智慧引导"的诉求。提出了引导学生智慧生成作为大学英语教育的目标追求。并探究了大学英语教育如何引导学生的智慧生成。从大学英语教与学的角度，建构了智慧教育的理论和实践体系。

由于时间关系，也因为笔者才疏学浅，能力有限，本研究存在很多不足。比如，虽然分析整理了大量文献，做了较长时间的思考，对智慧和智慧教育研究仍不深入；对"智慧引导"的大学英语教育理论和实践的论述不够充分，有待丰富和完善；此外，仅从大学英语教与学这一角度讨论对学生智慧引导的阐述，显得不够全面，等等，这些问题，是笔者期待在今后的研究中不断思考解决的。

虽然本研究做得很不完善，但仍然期待这一融聚了笔者多年对教育，尤其是大学英语教育的思考、感悟、体验、实践和"爱"的微弱之光，能对我国的智慧教育研究有所启示。期待其对当前大学英语教育的目标设定和方向指引，大学英语教师的发展，具体的大学英语教学实践以及大学英语教育质量和国际化人才培养质量的提高有所启示。使大学英语从当前的"无用"舆论中走出，并逐渐发挥其可以发挥的强大作用，成为高等教育不可或缺的教育组成元素。同时期待其他的课程也感受到这一"微光"，当前其他一些课程在引导学生知识习得和思维训练方面做的比大学英语课程要好，但是，在引导学生智慧生成的理论和实践体系上，其他许多课程也是缺乏的。

研究展望：学生智慧生成需要教师智慧发展。大学英语对智慧教育的追求，是一个系统工程，亟待调整大学英语教育政策，确定教育目标；修订大学英语课程教学要求，明晰教育教学目的和理念，重订教育教学内容，建设大学英语课程体系，完善评价体系，指引教师角色发展。需要教育政策、教学要求的明晰；需要教师教育教学理念的创新，教师自身"智慧"的发展。所有的改革，所有理念的施行，都离不开教师。在接下来的研究中，笔者希望做的是，探究大学英语教师"智慧"发展的理论和实践。大学英语教育追求"引导学生智慧"，行为本身就是智慧的，是一个非常正确的选择，可又面临着许多困难。因为，智慧教育远不像当前单一知识教学那般简单，越是充满期待和能量的选择，途中的荆棘与坎河就越多。所以，大学英语教育要实现自己的追求，最需要先行动起来的是教师，教师创新理念，明确目标和教育内容，对自身进行完善，才能让智慧教育理念真正流动起来，真正落到实处。即便当前的一些教学要求、规定或教材等尚不完美，有了教师的智慧行动，就有了智慧教育的原动力。所以，笔者期望接下来的研究以教师智慧提升为突破口，希望在大学英语追求智慧教育的历程中，"教育改革关键因素"的教师起到一个引领和促进的功用。当然，追求智慧教育，大学英语教师的努力不可或缺，同时也需要大学英语整个教育环境的和谐，需要各方力量共同驶向引领学生智慧生成这一目标。我国著名英语教育家桂诗春先生曾说，大学英语虽然是高等学校里的一门公共课，但，却是一门影响面甚广、附加值甚高的课程。桂教授所说的"影响面广"，应该不仅是形式上诸如师生数目之大，几乎每一所大学都开设大学英语，更有对师生身心发展的影响，对高等教育和国际化人才培养的影响，对中西文化传播、交流的影响，对文化软实力竞争的影响等等；而附加值甚高，也能看到其重要意义，效果不仅仅在于学生对语言知识等的掌握和运用，她是通过教师的教和学生的学，收获更多形式之外意蕴深刻的感悟、体验、实践和智慧。大学英语，如果不断发展和超越，追求引导学生智慧生成的教育，将从贫乏走向丰富，从困境走向自由，将在高等教育和国际化人才培养中发挥出不可或缺的强大力量。